金庸小說 裏的

中國地理

邱逸　顏宇翔

著

目錄

前言　金庸武俠世界隱藏的地理密碼

前言
金庸武俠世界隱藏的地理密碼

稍讀過金庸武俠小說的讀者，或多或少會有一些地理疑問，如：

● 六大派怎樣圍攻遠在數千里以外的光明頂？

● 張翠山、殷素素、謝遜遠洋漂流到達的冰火島，現實中是否存在？

● 張君寶從嵩山少林寺一路向南走，為何會走到西面的武當山呢？

● 少年張無忌是如何帶着年幼的楊不悔從安徽蝴蝶谷走到新疆光明頂？

● 張家口在 1429 年建城，那郭靖和黃蓉又如何於 1207 年在張家口認識？

● 郭靖一家死守的襄陽城，對南宋來講真的那麼重要？

● 華山有何與眾不同之處，當得起數次華山論劍的場地？

● 恒山上的懸空寺，真的是懸在半空？

● 五嶽劍派相隔千山萬水，又如何「同氣連枝」？

● 方證大師率領少林門弟子往嵩山為令狐少俠助威，少林寺不就是在嵩山嗎？

地理，這個看似簡單的概念，在金庸的武俠世界中卻承載了豐富的內涵。在小說中，它不僅是一種地理標識，勾勒出大江南北的人情物事、地域派系，更是推動情節發展、編織人物命運的重要元素。今年是金庸先生百年誕辰的紀念之年，無數讀者和評論家對金庸武俠小說都做過許多解析探討。然而，在這當中，我們卻選擇了一個全新的角度——地理，來揭示出金庸武俠小說中那些隱藏的密碼。

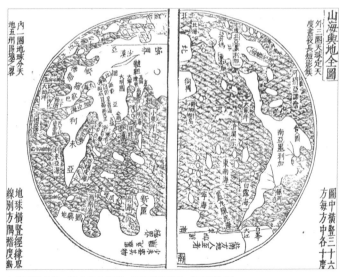

山海輿地全圖，取自明人王昕、王思義編集的《三才圖會》。

金庸的武俠世界，縱橫東西南北，甚至跨出國門。從西域崑崙山到東海桃花島，從江南水鄉到塞北荒漠，從太平洋孤島到中亞古國。翻開地圖，我們會驚歎金庸的武俠世界跨度極廣極深，一眼萬里，驚艷世人。

這些看似「天馬行空」的地理設定，相當一部分是建立在真實的地理知識之上。比如金庸不少作品將時間設定在南北民族政權互相爭鬥殺伐的宋元時期，這當中涉及到中國各地山川、城池，都有跡可循。當然，細細考究，也並不是所有地點都有其地理現實依據。郭靖與黃蓉在南宋時期，是否真的能在「張家口」這個地方相遇？鳩摩智自稱是來自吐蕃國的國師，但在北宋時期，還能看見吐蕃這個國家嗎？

地理位置不僅是地圖上不同的點，而是與人物命運之間有着千絲萬縷的聯繫。金庸先生巧妙地利用地理環境來構築情節和人物，使得每個地點背後都隱藏着人與人之間無盡的愛恨情仇，令我們回味百遍。

如身為契丹人的喬峰，夾在宋遼兩國之間，他的命運走向也恰恰濃縮在兩國邊境的雁門關這個地方。雁門關是蕭峰

命運的轉折點，也是他人生悲劇的終點。他與父母在此遇襲，又在這裏重拾自己的契丹人身份，最終又在這裏自盡，他的痛苦和矛盾在雁門關的寂寥肅殺中得到充分體現。而身處蒙古滅宋的歷史進程中的郭靖，心懷家國之憂，立志捨身守衞襄陽城，他和夫人黃蓉、兒子郭破虜的命運，也就和這座南宋軍事要衝的存亡緊緊地縛在一起。

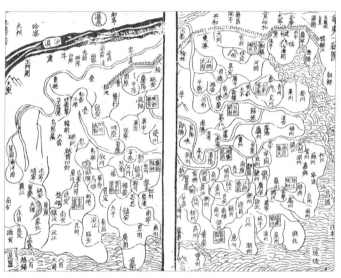

華夷一統圖，取自明人王昕、王思義編集的《三才圖會》。

廣闊的地圖還展現了金庸武俠世界的格局和脈絡，各大門派的恩恩怨怨、明爭暗鬥，在地圖的勾描間徐徐道出。少

林、武當、峨眉，一個個響噹噹的武林門派，如何根植於當地而繁盛起來？這或許也是讀者們好奇的問題。而在金庸的武俠世界中，各門派之間聯繫相當緊密，在古代交通相當不便的情況下，各位武林高手完全擺脫了山水相隔的地理限制，輕鬆做到結盟、偶遇、結拜、尋人、追殺……跳出驚歎金庸先生豐富的想像力之外細想，這是否太神通廣大了些？

在重新審視金庸武俠小說地圖世界的過程中，挖掘出其中隱藏的地理密碼、人物故事，一方面能領略到金庸武俠小說的博大精深和獨特魅力，另一方面品味中國獨特的地理環境及其背後的文化內涵。在紀念金庸先生百年誕辰的特殊時刻，讓我們一同出發，再次走進那個無數人魂牽夢繞的武俠世界！

邱逸　顏宇翔

第一章
佛由心生，佛即是覺

大理古國真的由段氏掌權？

大理段氏是《天龍八部》中獨佔一方的武林世家，身懷「一陽指」、「六脈神劍」等絕世招數。同時，段氏又是久居雲南的大理皇室。保定帝段正明為大理國君。其胞弟段正淳則是鎮南王，生有一張威嚴肅穆的國字臉，生性風流，日子過得瀟瀟灑灑。段正淳世子段譽一身貴氣，樣貌俊俏，知書達理。

小說中關於段氏家族的絕世武功當然是金庸杜撰，而在歷史上，大理國則確是地處中國西南邊陲的古國。那作為皇族的段氏又是否真實存在？

段氏家族在大理古國確實手握政權，地位顯要。段氏先祖段儉魏曾是南詔國（738—902，同樣位於雲南地區）的重臣。他在天寶戰爭（南詔國為脫離唐朝，歸順吐蕃，與唐朝發生的戰爭）中立下戰功，被封為清平官（相當於宰相）。段氏傳至六世孫段思平，已然家道中落，但段思平

才幹出眾，因軍功升至通海節度使。此時南詔國已經走向
末路，先後被鄭買嗣的大長和國、趙善政的大天興國和楊
乾貞的大義寧國取代。但這三個政權存在時間都不長，加
起來只有 35 年（902—937）。這段時間政權頻繁更迭，
殺戮不斷，使得雲南地區社會混亂、民不聊生。段思平也
深感民間疾苦，遂向東方的「黑爨三十七蠻部」（雲南東
部少數民族 37 個部落）借兵，成功推翻大義寧政權，改
國號為大理，定都羊苴咩城（今雲南大理）。

北宋開國時，宋太祖本有意南征，但思慮再三，鑑於當年
唐朝與南詔戰事的失敗，便以玉斧劃大渡河為界，說：

大理白族自治州雲龍縣的梯田

「此外非吾有也！」大理國由此得以保全，宋朝和大理國之間保持了相當長一段時間的和睦關係。

大理國的疆域曾覆蓋今中國雲南省、貴州省西南部、以及緬甸北部地區、印度東北部、老撾、越南的北部地區，實屬不小。

金庸在寫作《天龍八部》之前，並沒有到過大理，卻把大理國的湖光山色寫得明媚秀麗。第一回中，段譽跟隨普洱茶商馬五爺來到無量山，先是遇到天真靈巧的小妹妹鍾靈，繼而又誤入無量劍湖宮，意外見到神仙姊姊塑像，習得「凌波微步」。無量山在哪裏？就位於今雲南普洱市景東彝族自治縣。其山勢連綿，巍峨雄壯，正是因為山體寬闊，難以丈量，才得此名。清朝詩人戴家政有《望無量山》，詩云：「高莫高於無量山，古柘南郡生雄關。分得點蒼綿亘勢，周百餘里皆層巒。」

這首詩提及的「點蒼山」在小說中也出現過，就是現在大理的風景名勝 —— 蒼山。從大理市區遠遠望去，蒼山層巒疊嶂，樹木蒼翠。由於海拔較高，山頂雲霧繚繞，而且終年白雪皚皚，巍峨壯麗，「蒼山雪，洱海月」也成為大理聞名的景觀。蒼山彷彿豎立在大理的一道屏風，洱海則

點蒼山圖，取自明人王昕、王思義編集的《三才圖會》。

蒼山（著者拍攝）

好像鑲嵌在大理中央的一顆翡翠，映襯着大理四季如春的韻味。

不光是大理國的景色恬適迷人，金庸筆下大理國的民風也淳良樸實，和諧安寧。「大理國僻處南疆，歷代皇帝崇奉佛法，雖自建帝號，對大宋一向忍讓恭順，從不以兵戎相見。其時大理國四境寧靜，國泰民安。」在保定帝治下，大理國政通人和，所以他頗受百姓愛戴。

大理國確實是一個佛教盛行的地方。佛教在南詔時期傳入雲南，至大理國時達到全民信佛。同時，大理國也深受儒家思想影響，於是出現了很有意思的現象，就是將儒家文化與佛教教義融為一體，儒生無不崇奉佛法，僧侶也誦讀儒學典籍，甚至可以參加科考出仕為官，此稱為「釋儒」。元朝郭松年《大理行記》記載說：「然而此邦之人，西去天竺為近，其俗多尚浮屠法，家無貧富皆有佛堂，人不以老壯，手不釋數珠，一歲之間齋戒幾半。」歷史上，還不乏大理皇帝出家的例子，比如至今位於大理蒼山腳下的崇聖寺（在金庸筆下又叫做「天龍寺」），就是大理佛教興盛的標誌。崇聖寺最早建於南詔時期，先後有九位大理皇帝在此出家。

但大理國皇帝出家，也不完全是崇信佛教佛法，而是因為
大理國內的政局並不像看上去那麼安寧和平。比如小說
中保定帝段正明，他的原型正是同名的大理國第 14 位君
主。段正明得以繼位，就是因為大理國內高智升與高升泰
父子權傾朝野，逼迫前一位皇帝段壽輝退位出家，段正明
才被擁立為帝。歷史上的段正明的確是仁厚儉素，但可以
想見，他的皇權也時刻受高氏父子壓迫。在位 13 年後，
段正明也被迫到崇聖寺出家，禪位予高升泰。

但由於雲南諸部的反對，高升泰臨終前囑咐其子，仍還政

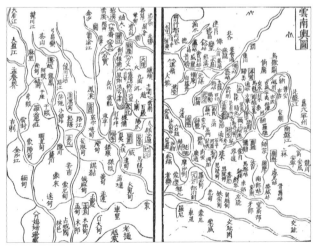

雲南輿圖，取自明人王昕、王思義編集的《三才圖會》。

於段氏，而繼承者正是段正淳。皇位雖重歸段氏，政事卻仍由高氏把持，宰相皆出高氏之門。12 年後，段正淳又禪位給其子段正嚴，自己也出家為僧。段正嚴還有另一個名字，叫做段和譽，金庸正是取他的名字，塑造了段譽這個人物。段正嚴是大理國在位時間最長，也是壽命最長的皇帝。他在位 37 年，任內政治清明，與宋朝保持和平的外交關係，但仍然要面對高氏的掣肘以及因內訌帶來的政局動盪。最後，他也不得已禪位出家。

金庸塑造的另一位武林高手 ——「南帝」段興智，原型則是同名的大理國第 18 位君主、段正嚴之孫。在金庸筆下，他深陷與瑛姑的情感糾葛，最終出家為僧，法號「一燈」。歷史上，他並沒有出家，但也極度崇佛，大建佛寺，君臣上下篤信佛教，以至於荒廢政事。大理國，在內政不穩、外有強敵（蒙古崛起）的局面下，距離王朝的終點也就不遠了。

雁門關緣何見證蕭峰一生？

蕭峰被視為一位「悲劇英雄」，而這些悲劇都和雁門關這個地方有着千絲萬縷的關係。他數個關鍵的人生節點都發生在雁門關，這裏改變了他的命運和心智，也成為了他最後生命的定格。

按照時間順序，在雁門關共發生了與其相關的三件大事。

第一件是 30 年前，蕭遠山攜妻兒途經雁門關往大宋省親，遭遇中原武林高手在此埋伏，蕭遠山不得已殺死十數人，但妻子也被殺。蕭遠山悲痛之下投崖自盡，留下尚在繈褓的嬰兒，是為蕭峰。第二件是 30 年後，蕭峰得知自己的身世，重回雁門關尋找父親留在石壁上的字跡，又看見被宋兵擄掠來的契丹人胸口有與自己相同的刺青，終於確認自己的身份，「不再以契丹人為恥，也不以大宋為榮」。第三件就是小說末回中蕭峰在此挾持遼道宗耶律洪基，逼他承諾一生不許發兵犯宋，隨後在身份的極度矛盾中自盡。

雁門關能見證這些大事發生，與其本身作為邊境關隘不無關係。

雁門關坐落於今山西忻州市代縣的雁門山（又稱勾注山）間，這裏東西兩山對峙，其形如門，每年大雁遷徙南北都要飛越其間，因而得名。雁門山山體呈西南－東北走向，群峰相連，長達 200 公里，山頂海拔高度皆逾 1,000 米。

雁門關城牆

這樣一座高山橫亘，將南北氣候奇妙地分成截然不同的兩種形態。山南氣候溫潤，適宜種植；山北氣候乾旱，多是荒山野嶺，而且冬夏溫差大，到了數九寒天，風颳在臉上就跟刀割一樣。古代有民謠云：「雁門關外野人家，不養桑蠶不種麻。百里並無梨棗樹，三春那得桃杏花。六月雨過山頭雪，狂風遍地起黃沙。說與江南人不信，早穿皮襖

午穿紗。」這寫出了雁門關外的惡劣環境。

雁門山不但是一條自然分界線，也是一條軍事和疆域分界
線。如此險要的地勢，使得雁門關在歷代都極受重視，作
為扼守塞北與中原來往通道的戰略要地。

戰國時期，趙武靈王實行「胡服騎射」的軍事改革，大敗
北方民族林胡、樓煩，並修築趙長城，在此設置雁門郡。
趙國大將李牧奉命常駐雁門，防備匈奴。李牧治下的趙軍
兵強馬壯，在他率領下，趙國大破匈奴，殺敵十餘萬騎，
匈奴十餘年不敢近趙邊境。秦始皇統一全國後，連接、修

代州三縣全圖，取自清人吳重光纂修的《代州志》。

築各國長城，築成秦長城，有「九塞」，雁門關（時稱勾注塞）即為「九塞」之一，甚至有「天下九塞，雁門為首」的說法。

漢初時，雁門一直是漢朝抵禦匈奴的邊關，匈奴不時突入雁門殺掠。漢武帝時，漢軍對匈奴的策略由被動防守變為主動出擊，衛青、霍去病、李廣都曾領兵從雁門關北征，多次大敗匈奴，立下赫赫戰功。李廣亦曾任雁門太守。隨

雁門關圖，取自明人王昕、王思義編集的《三才圖會》。

1.　「九塞」是指：雁門關、居庸關、八達嶺長城、紫荊關、楚長城、黃草梁、井陘關、勾注塞、平靖關。

着漢朝國力強盛，疆土不斷北擴，漢匈勢力消長，雁門關也從防備匈奴的最後一道防線，變成漢軍北進路線的樞紐。漢元帝時期，呼韓邪單于三次入長安朝覲天子「以盡藩臣之禮」，自請為婿，王昭君從雁門關出塞和親，漢匈之間結束了多年戰亂，《漢書·匈奴傳·贊》載，「遙城晏閉，牛馬布野，三世無犬吠之警，黎庶無干戈之役」。

東漢末年至南北朝時，雁門關成為中原王朝防禦北方鮮卑族的要衝。隋唐時期，突厥勢力突起，雁門關又成為抵禦突厥的關塞。雁門關一帶是唐軍的出征地，也反映在繁榮的唐朝邊塞詩作品中。最膾炙人口的就數李賀的《雁門太守行》，詩云：「黑雲壓城城欲摧，甲光向日金鱗開。角聲滿天秋色裏，塞上燕脂凝夜紫。半卷紅旗臨易水，霜重鼓寒聲不起。報君黃金台上意，提攜玉龍為君死。」在唐朝邊塞詩中，雁門關和陽關、玉門關成為出現頻次最高的關隘。

唐朝末年，契丹崛起，逼近今山西大同一帶。936 年，石敬瑭許諾割讓「燕雲十六州」[2] 給契丹，以「兒國」自稱，

---

2. 「燕雲十六州」大致包括今北京、天津地區以及河北北部、山西北部的大部分地區，主要指幽州（今北京）、檀州（今北京密雲）、涿州（今河北涿州）、雲州（今山西大同）、儒州（今北京延慶）等地。

換取契丹支持以打敗後唐，從此中原一帶失去了北部天然屏障。北宋時期，雁門關就是宋遼邊境的咽喉要道，「燕雲十六州」門戶大開，讓由契丹建立的遼國彷彿一頭蹲在北宋家門口的猛獸，隨時破門而入，讓宋人膽戰心驚。

遼國上京臨潢府遺址僅存的佛像，取自小田勝衛編纂：《東洋文化史大系：宋元時代》（東京：誠文堂新光社，1938）。

北宋初，著名將領楊業任代州知州。980年，遼國發兵十萬攻雁門關。楊業率數千騎兵從西陘而出，繞到雁門關以北，從遼軍背後往南突襲，與潘美在正面形成前後夾擊的態勢。雁門關山道狹長，遼軍陷入山谷中，進退不得。此戰宋軍大敗遼兵，殺死遼國駙馬侍中蕭咄李，活捉馬步軍都指揮使李重誨，是為雁門關之戰。楊業奇襲遼軍，聲威大震。但在986年的北伐中，楊業的軍隊後撤途中沒有得到援軍接應，陷入遼軍圍困，最後楊業身負重傷，被遼軍俘獲，絕食而亡。自此以後，宋軍再也沒有越過雁門關，雁門以北對宋人來說可望而不可及。楊業一世英名，也引得老百姓無盡的感悲懷念，著名的「楊家將」就是以楊業及其一門子孫為主要人物，講述他們保境抗遼的故事。

《天龍八部》的故事正是選取了這段歷史背景，蕭遠山一家經雁門關南下遇襲、蕭峰逼遼主不興戰事，以及蕭峰的宋遼身份矛盾，都是宋遼對峙的文學衍生。

明朝增修長城後，雁門關與偏頭關、寧武關，合稱為「外三關」，作為屏護山西和守護首都北京的外圍防線。清朝以後，山西身處國土腹地，雁門關逐漸失去軍事防禦作用，轉而成為商貿轉運的通道。

如今登上雁門關口，瞭望長城遺址和遼闊山勢，仍可憑弔古蹟，遙想前人悲壯豪邁的蒼茫古意。

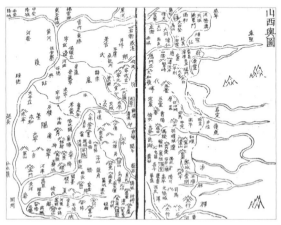

山西輿圖，取自明人王昕、王思義編集的《三才圖會》。

西夏皇宮跡難尋

在《天龍八部》中，虛竹武功的進益以及感情的發展，處處充滿着機緣巧合，其中在西夏皇宮的經歷應該是頗為關鍵的節點。

虛竹偶遇李秋水追殺天山童姥，挺身相救天山童姥，兩人躲入西夏皇宮的冰窖療傷。去西夏途中，童姥把「天山折梅手」傳給虛竹。在皇宮裏，童姥又於夜間將西夏公主李清露帶到虛竹身邊，誘使他犯下淫戒。兩人溫存三日，互稱「夢姑」、「夢郎」。虛竹在此還習得童姥的「天山六陽掌」，又在李秋水與童姥惡鬥互比內力時，被夾於兩人中間，恰好積蓄起兩人九成的內力於體內。在童姥臨終前，虛竹接受其命令接任靈鷲宮尊主。即使後來離開西夏，虛竹仍對「夢姑」念念不忘，最終在她張榜招親時重逢。

書中提及的西夏政權，由党項族建立，在宋、遼、金時期也是一個不可小覷的國家。

党項族本是羌族的一支，唐朝時遷居陝北。族中有數個大部，以拓跋氏最為強盛。唐僖宗時期（873 — 888），党項族首領拓跋思恭因平黃巢起義有功，被賜姓李，領夏州

西夏皇陵遺址

節度使，封夏國公。從此，李氏逐漸發展成一個割據的藩
鎮，這也是西夏勢力崛起的標誌。

党項人逐步控制了陝北
高原、河套平原、河西
走廊以及青海新疆部分
地區，在西北地區整合
起一塊勢力範圍。北宋
初年，拓跋氏的後裔李
繼遷採取「聯遼抗宋」

西夏陵區出土的漢文殘碑，藏於西夏王陵博
物館（行旅拍攝）。

的策略，獲遼封為西平王。党項人逐漸在夾縫中站穩腳跟，並迫切希望建立自己的政權。1038 年，李繼遷之孫李元昊在興慶府（今寧夏銀川）稱帝，即夏景宗，國號大夏。因其地處西北又在黃河以西，所以歷史學家稱為「西夏」。

西夏立國時，疆域範圍在今寧夏、甘肅西北部、青海東北部、內蒙古以及陝西北部地區。《西夏書事》載，西夏「東盡黃河，西界玉門，南接蕭關（今寧夏同心南），北控大漠，地方萬餘里」。其後又佔領河套地區與河西走廊。到夏仁宗時期大約有 22 個州，這是西夏版圖最鼎盛的時期。

党項族自唐末發家，在這個過程中，受到漢唐文化影響越來越深，學習漢字，並仿照漢字創製西夏文，又發展儒學，吸收漢人的典章制度及政治文化。此外，西夏也深受佛教影響，自李元昊之父李德明開始，曾六次向北宋求取《大藏經》，建國後也十分尊崇佛教，廣建佛寺佛塔，曾在興慶府（今銀川市興慶區）營建佛塔，如今位於銀川市賀蘭縣拜寺口的拜寺口雙塔，就是保存最為完整的西夏佛塔，已有近 1,000 年歷史。西夏文明由遊牧文明、漢文化、吐蕃及回鶻文化、儒家文化、佛教文化等相互雜糅而成，有着獨特而燦爛的色彩。

居民渡過黃河使用的羊皮筏子（行旅拍攝）

小說中虛竹和西夏公主的故事發生在西夏皇宮，這西夏皇宮就位於西夏的都城興慶府。

興慶府在北宋初為懷遠鎮，於咸平時期（998 — 1003）被李繼遷所據。當時，李繼遷以靈州（今寧夏吳忠市）為西平府，作為統治中心。但其子李德明認為西平府居四塞之地，不利於防守，不如懷遠地勢有利，於是改懷遠鎮為興州，並在此營造宮室。李元昊繼位後，繼續廣建宮城和殿宇，稱帝後即升興州為興慶府，正式定都於此。以西平府為陪都。

興慶府作為西夏國都，相比其他地方有明顯優勢。西夏原來的發家之地夏州一帶，過於靠近邊境。西夏東南是北

宋，東北為遼國，夏州容易受到宋遼邊境重兵的威脅。興慶府則較為遠離邊境，兵防壓力自然沒那麼大。此外，興慶府東臨黃河，西靠巍巍賀蘭山，而且銀川平原土地豐饒、水草豐美，農牧業較發達，可以享黃河灌溉之利，穩定地保證城內軍民所需。李元昊在位時，就修建了長達三百餘里、引黃河水的「昊王渠」，以發展農業生產。所以自元朝開始，就有「天下黃河富寧夏」的說法。

當時興慶府城一度有約 20 萬名居民，通過絲綢之路過境的大食、龜茲、天竺、回鶻商人和使者，也常常駐留興慶

賀蘭山（行旅拍攝）

府,從事商業貿易。興慶府逐漸成為西北地區重要的的文化、政治、經濟、軍事中心,也奠定了今銀川市的城市基礎。

哪麼西夏皇宮又位於何處呢?可惜的是,不單遺址早已毀沒,連具體位置也難尋獲。

其實不只西夏皇宮,整個西夏的歷史和文化在中國古代史籍中都語焉不詳。這是一個非常不尋常的現象。西夏作為與宋、遼、金等國同時存在、互有征伐、國祚長達 190 年的政權,在正史當中沒有獨立成書著述。後世蒙古人編修《遼史》、《金史》,獨不修「西夏史」。究其原因,就在於西夏與蒙古結下的巨大恩怨。

西夏王朝後期,蒙古帝國崛起,成吉思汗先後四次率軍攻打西夏,但遭到西夏人的強烈抵抗。第四次征夏戰事中,成吉思汗在圍困興慶府的過程中病逝。蒙古人心中自然對西夏多生出一份仇恨。成吉思汗病逝後,蒙古殺了前來投降的夏末帝,並準備屠城。幸得蒙古將領察罕極力反對,城內軍民才得以保全,但城中宮室、建築、典籍等盡皆被毀,西夏文化在滅國戰爭中遭到毀滅性打擊,致使西夏在今天的我們看來成為一個神秘古國。

丐幫總舵在哪裏？

丐幫是《天龍八部》中舉足輕重的全國性幫會。小說中其他門派，皆有自己明確的總部會址，如少林派之少室山、星宿派之星宿海、無量劍之無量山等等。那不禁要問，丐幫有自己的總舵嗎？

其實小說中提及了這個地方。

第 16 回，白世鏡就跟徐長老說：「這赫連鐵樹離了汴梁，便到洛陽我幫總舵。」第 21 回，蕭峰在雁門關尋找當年身份的蹤跡不成，想再尋馬夫人，這裏也提到：「前任丐幫副幫主馬大元的家住在河南信陽鄉下。丐幫總舵在河南洛陽，信陽與衞輝離總舵均不甚遠，都是在京西南北兩路之內。」

而在當時的江湖上，丐幫的洛陽總舵似乎也是人盡皆知的事情，如包不同對蕭峰說道：「我家慕容兄弟知道你喬幫主是號人物，知道丐幫中頗有些人才，因此特地親赴洛陽去拜會閣下，你怎麼自得其樂的來到江南？嘿嘿，豈有此理，豈有此理！」蕭峰回應：「慕容公子駕臨洛陽敝幫，在下倘若事先得知訊息，確當恭候大駕，失迎之罪，先行謝過。」

為何丐幫以洛陽為總舵？我們不如先看看真實的丐幫是怎樣的。

從歷史上看，丐幫大體形成於兩宋時期（960 — 1279）。兩宋時期是中國歷史上城市文明的一個高峰，商品經濟發達，城市經濟興旺，市民生活豐富多彩，這樣的社會形態衍生出了與社會生活相關的大量社團和群體。而且這些社團的種類、名目極多，據宋人周密《武林舊事》卷三〈社會〉載，南宋臨安城有這樣一些社團：「緋綠社（雜劇）、齊雲社（蹴球）、遏雲社（唱賺）、同文社（耍詞）、角抵社（相撲）、清音社（清樂）、錦標社（射弩）、錦體社（花繡）、英略社（使棒）、雄辯社（小說）、翠錦社（行院）、繪革社（影戲）、淨髮社（梳剃）、律華社（吟叫）、雲機社（撮弄）。」

丐幫作為由乞丐集結起來成立的社團，也是在這樣的時代背景下產生的。在丐幫中，還出現了一個首領式的職位 —— 團頭。比如在宋元話本基礎上寫成的明代小說集《喻世明言》，當中有一篇〈金玉奴棒打薄情郎〉，女主角玉奴就是南宋臨安城中一位叫金老大的團頭之女。這團頭在乞丐中也頗有些淫威，「眾丐叫化得東西來時，團頭要收他日頭錢。若是雨雪時沒處叫化，團頭卻熬些稀粥養活這伙丐戶，破衣破襖也是團頭照管。所以這伙丐戶小心低

氣，服着團頭，如奴一般，不敢觸犯」。

兩宋時期，丐幫大多聚集在大城市中，因為大城市的生活條件優渥，乞丐也就有了相當穩定的生活來源。但丐幫並未形成全國性的組織，而是分散在各地，具地域性的群體特徵，而且組織形式鬆散，難有嚴格的組織規程或架構。

丐幫真正大盛要到清末民初，幾乎每一地都有乞丐組織，而且也有內部等級之分。《清稗類鈔》載，當時丐頭有「桿子」為身份證明，「丐頭之有桿子，為其統治權之所在，彼中人違反法律，則以此桿懲治之，雖撻死，無怨言」。這是不是和小說中的「打狗棒」頗為相似？而且北京的丐頭又有「藍桿子」、「黃桿子」兩種，「藍桿子者，轄治普通之丐；黃桿子者，轄治宗室八旗中之丐也」。「藍桿子」應是普通乞丐的首領，而「黃桿子」則是由遊手好閒的落魄八旗子弟充任，身份或許也高級些。這是否也有點小說中丐幫「污衣派」、「淨衣派」的影子？

所以，像《天龍八部》中描寫的那樣，在北宋時期已形成全國性的較為嚴密的丐幫組織，是不太符合歷史的。

但退一步說，就算當時形成了全國性的丐幫團體，它把總

舵設置在洛陽，合理嗎？

洛陽是中國歷史上著名的古都，成為多個王朝的首都，建城基礎深厚，直到北宋時期也還有很高的政治地位。

北宋建立之初，承襲五代舊制，以開封府（今河南開封）為東京，同時以河南府（今河南洛陽）為西京。本身出生於洛陽的宋太祖，從建國之初就考慮要遷都洛陽。他認為洛陽有天險可守（位於伊洛盆地，三面環山，一面臨黃河），可以避免都城冗兵的問題，而且有前代舊例，可以久安天下，但遭到其弟趙光義（宋太宗）反對。此事隨着宋太祖去世，也不了了之。

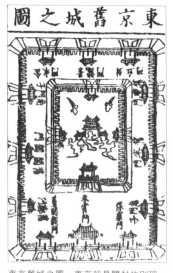

東京舊城之圖，東京就是開封的別稱，取自宋人陳元靚編的《事林廣記》。

從北宋時期的現實條件考慮，洛陽已經不太適合作為首都。大運河開通後，國家的經濟重心已逐漸南移，洛陽所在的中原地區經濟大不如前。而且洛陽

附近的運河通道，已經年久失修，大規模的漕運通航能力已經難以為繼。反觀開封是大運河的樞紐，漕運四通八達，便於集中和統御全國的經濟資源。另一方面，洛陽經歷唐末戰亂，早已殘破不堪，五代（後梁、後唐、後晉、後漢、後周）有四個政權以開封為都，僅後唐以洛陽為都，兩者相較，開封更有優勢。

洛陽被定為西京後，進行了大規模重建。宮城作為城市核心，仍承襲隋唐五代舊址。洛陽又是全國文化中心，朝廷在此設全國最高學府國子監，名儒重臣也都紛紛雲集洛陽。文彥博、富弼、王拱辰、司馬光等 12 位士大夫在此組成了「洛陽耆英會」。歐陽修、張堯夫、王幾道等又組成「洛中七友」，效仿前賢，飲酒賦詩唱和。同時，洛陽園林之盛也名滿天下，安家在洛陽的士大夫們多興建起宅園林第，加上洛陽本就有漢唐時期園亭山林舊跡，很快就恢復了往日的盛景。

話說回來，若丐幫有意選址設置總舵，應不會考慮首都開封。因為乞丐聚集，對於京中的達官貴人來說肯定不是甚麼光彩的事，不知甚麼時候就會被取締或者清理。而僅次於開封的西京洛陽，同樣繁華，又是古都大邑，以此為總舵，應是丐幫的不二之選。

吐蕃國師的時空玩笑

《天龍八部》中有一位鳩摩智高僧。他出身吐蕃大雪山大
輪寺,為吐蕃國師,號稱「大輪明王」。他癡迷武學,行
事卻陰險卑鄙,最終一身內功被段譽的北冥神功吸去,武
功盡失,此後大徹大悟,返回吐蕃進修。

《天龍八部》的時代背景設在北宋時期,書前的〈釋名〉
篇寫道:「本書故事發生於北宋哲宗元祐、紹聖年間,公
元一〇九四年前後。」書裏有宋、遼、西夏、大理等數個
政權並立,吐蕃也是其中之一。

但實際上,吐蕃國並不屬於這個時代,鳩摩智作為一代高
僧,自然也不會背負吐蕃國師這個身份。

吐蕃王朝存在的時間是 7 至 9 世紀,其實和唐朝同一時
期。說到吐蕃,很多人第一時間會想到著名的文成公主與
松贊干布和親的故事,的確,要談論吐蕃王朝的歷史,就
得追溯到這位吐蕃赫赫有名的統治者 —— 松贊干布。

據說在松贊干布繼位前,吐蕃王室已存在約 800 年,到
他已經是第 33 代贊普(吐蕃統治者頭銜)。但此前吐蕃

並無文字，所以這段歷史僅僅算作傳說，難以考證。當時吐蕃仍分裂成數個部落，松贊干布的父親囊日論贊任贊普時，用武力兼併了鄰近的部落，又征服了森波、藏蕃、尼雅尼達布等幾個國家，後來不幸被叛臣謀殺。松贊干布繼任時僅 13 歲，他繼承父親遺志，鎮壓了叛亂，又向外擴張，整個西藏地區幾乎納入吐蕃的版圖。633 年，他建立起吐蕃王朝（又稱「大蕃」），建都邏些（今西藏拉薩）。

松贊干布在位期間，為吐蕃真正建立起一套完整的行政和軍事制度。他鼓勵人民發展農牧業生產，使用先進的種植技術，統一度量衡，制定和頒佈法律，設立官階品級制度

拉薩布達拉宮

和軍事單位。他還遣人赴天竺學習，根據梵文創製了藏文。從此藏族有了自己的文字，對於西藏政治穩定、文化傳播和歷史保存都極為有利。可以說，松贊干布相當於西藏地區的「秦始皇」。

吐蕃王朝建立後，松贊干布也想跟唐朝建立起友好關係。634 年，松贊干布派使者到唐朝請求和親。唐太宗卻認為吐蕃是蠻夷小國，沒有答應。使者回報說，吐谷渾國（夾在吐蕃和唐朝中間的小國）也往唐朝求親，就是因為吐谷渾從中作梗，才使得兩國的親事沒能成功。松贊干布怒而發兵攻打吐谷渾，吐谷渾當然難以抵擋，吐蕃得勝後繼續進兵至唐朝松州（今四川松潘縣）以西，並威脅到唐朝。

松州都督韓威率軍出擊，竟被擊敗，大唐朝野震驚。唐太宗立即派吏部尚書侯君集為當彌道行營大總管，右領軍大將軍執失思力為白蘭道行軍總管，左武衛將軍牛進達為闊水道行軍總管，右領軍將軍劉蘭為洮河道行軍總管，率步騎五萬出擊。牛進達率先鋒夜襲吐蕃大營，殺敵千餘人。松贊干布退兵避其鋒芒。唐朝和吐蕃互相見識到了對方的實力，知道繼續相持對抗對大家都毫無益處，於是在 640 年，松贊干布再次求親，唐太宗也答應將宗室文成公主嫁予松贊干布。

文成公主帶去了大批先進技術、工匠、典籍、曆法等，吐蕃也和唐朝結為盟友，維持了數年的蜜月期。

650 年，松贊干布逝世，噶爾氏家族的祿東贊及其子論欽陵相繼擔任大相（相當於宰相），吐蕃與唐朝的關係又漸漸對立起來。吐蕃出兵擴張至青海湖地區，進而又爭奪隴右（今甘肅隴山、六盤山以西，黃河以東）和河西走廊，想要獲取絲綢之路的巨大利益，還一度佔領過安西四鎮（龜茲、于闐、疏勒、焉耆，四鎮都位於今新疆地區）。而唐朝跟吐蕃之間也互有勝負，雙方在河隴地區（今甘肅西部）駐兵相持。同時，吐蕃也向西南地區（今四川）擴張。

唐玄宗繼位後，唐軍在與吐蕃的較量中重新佔據上風。但隨着安史之亂爆發，唐朝為了平叛，從河西和安西都護府大量調兵，吐蕃又趁機向河西走廊進軍，而且一路北進再次佔據安西四鎮。763 年，安史之亂剛剛結束時，吐蕃還一度攻陷過長安，後來被郭子儀擊退。這段時間也是吐蕃王朝最鼎盛的時期。

但是頻繁的對外戰事也讓吐蕃由盛轉衰。821 年，吐蕃贊普赤祖德贊派專使請求與唐朝會盟，恢復和平關係。雙方

先後在唐都長安和吐蕃邏些舉行談判，締結了友好條約，史稱「唐蕃舅甥和盟」或「長慶會盟」。823 年，分別在長安和邏些建立唐蕃會盟碑，至今拉薩大昭寺前，仍能看見這座歷史性的友好文物。

但沒過多久，吐蕃就陷入內亂。末代贊普朗達瑪被刺殺後，吐蕃王朝隨之崩潰，吐蕃地區重新回到四分五裂的狀態。

吐蕃王朝覆滅的原因：其一，是對外戰爭消耗了吐蕃的國力，除了唐朝以外，吐蕃還與南詔、大食、回鶻產生了爭鬥，戰線過長，顧此失彼，導致國力下降。其二，是吐蕃內部宗教教派的爭鬥。吐蕃原本信仰本土的苯教，在松贊干布時期佛教正式傳入吐蕃，逐漸傳播開來。吐蕃王朝後期，苯教和佛教之間產生了嚴重的對立和激烈鬥爭，而數代贊普都大力弘揚佛教。朗達瑪想要藉助恢復苯教勢力，來進行政治改革，重振王權，下詔滅佛。但苯教早已衰落，結果改革失敗，並且引起社會強烈震盪，他自己也死於僧人之手。

如果跳出吐蕃國內，從整個地理和自然氣候的角度觀察，還有一個有意思的現象。西藏所在的青藏高原是世界上海

拔最高的高原，號稱「世界屋脊」，空氣極其稀薄，太陽
輻射強，溫差大，非常不利於生存和居住，所以歷史上這
裏很難發展出強盛的國家，但吐蕃王朝卻是個例外。

回顧中國歷史上的氣溫變化，隋唐二百年左右是一段溫暖
濕潤的時期，高山冰雪融化，水汽上升形成雲霧，阻擋了
部分太陽輻射，晝夜溫差變小，對於發展農耕種植都是非
常有利的條件，再加上人口數量增加，以及其他社會因素
的共同影響，促成了吐蕃王朝的發展壯大。當這段溫暖時
期結束，農作物產量逐漸降低，也就使得吐蕃國力衰退。

吐蕃分裂後，出現了大大小小的割據政權，包括拉薩王
系、拉達克王系、古格王系、亞澤王系、雅隆覺阿王系等
等，這種狀態一直持續了近 400 年。在北宋時期，一直將
這塊土地稱為吐蕃諸部，北宋與吐蕃互相產生不了威脅，
僅保持着非常有限的聯繫。直至 1264 年，忽必烈將西藏
地區納入蒙古政權統治之下，西藏才重新建立起統一的
政權。

所以金庸在《天龍八部》的時代背景下，寫出的這位吐蕃
國師鳩摩智，其實是開了一個時空位移的玩笑。

溫潤如玉的蘇州水鄉

在《天龍八部》中，金庸落下許多筆墨描寫了這樣一座江南城市：這裏有着溫婉迷人的景色，也有群豪畢至的身影；既有王語嫣出身的曼陀山莊，還有慕容復出身的燕子塢參合莊；水波蕩漾中映襯出阿朱、阿碧的曼妙身影，亭台水榭間讓段譽偶遇了「神仙姐姐」王語嫣的美貌容華。這裏就是蘇州。

蘇州有着二千五百年歷史，是中國歷史名城。公元前 514 年，吳王闔閭繼位，命大臣伍子胥建設吳國都城。伍子胥「相土嘗水，象天法地，築大城」，建成了闔閭城，也就是今天蘇州城所在地。闔閭城成為吳國成就霸業的基礎，蘇州也成為了吳文化的發源地。越國滅吳國後，這裏又成為越國的都城。

秦始皇併吞六國，分天下為 36 郡。蘇州屬會稽郡，郡治所在地設吳縣，也在今天的蘇州城址。公元前 209 年，項梁、項羽就在吳縣起兵，幾年後推翻了秦朝。東漢末年，群雄紛爭，孫權建立吳國前，吳縣也一度作為孫吳的統治中心。

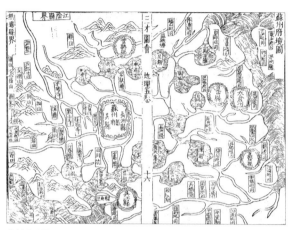

蘇州府境圖，取自明人王昕、王學思編集的《三才圖會》。

隋唐時期是蘇州城市建設的定型階段。589 年，隋朝始置蘇州這個地名。隋煬帝貫通大運河，蘇州也作為江南運河的交通要衝，溝通南北商道。由於江南地區河網密佈，所以蘇州的城市空間形態成為了「水陸相鄰，河路平行」的水鄉，唐朝詩人杜荀鶴的《送人遊吳》描寫了當時的蘇州，詩云：

> 君到姑蘇見，人家盡枕河。
>
> 古宮閒地少，水巷小橋多。
>
> 夜市賣菱藕，春船載綺羅。
>
> 遙知未眠月，鄉思在漁歌。

由此可見，那時「小橋流水人家」已經成為蘇州的典型印象。磚瓦小巷，河道菱藕，舟船明月，到處流轉着江南水鄉的神韻。城市形態雖然溫潤典雅，蘇州的經濟和繁華程度倒一點不遜色。至唐朝中葉，蘇州已經呈現出「人稠過揚府，坊鬧半長安」的局面。唐朝的揚州是發達的經濟都會和國際港口城市，有「天下之盛，揚為首」的稱譽。但蘇州人口竟然較揚州更稠密，坊間熱鬧的程度抵得上長安一半。

唐代宗時期（762—779），蘇州更躍升為江南唯一的「雄州」（唐代「州」一共分為七個等級，其中「雄州」屬於第二等級）。這是對蘇州政治地位和城市建設的肯定，說明當年蘇州已經至少躋身全國二線城市的行列。

五代至宋時期，中國經濟重心南移。由於蘇州農產品產量豐足，相關的手工業產品也隨之增多，技術日精，其中以紡織、造船、造紙等最為著名，也是絲綢的重要產地之一。因此，蘇州也成為重要的工商業都會。

1035 年，范仲淹創建蘇州文廟府學，聘請「宋初三先生」之一的理學大家胡瑗為教授。因為辦學有方，蘇州文廟府學名聞天下，成為各地州學、縣學效仿的楷模，因而有了

江南學府之冠的讚譽。此後，蘇州長期文風鼎盛，文人雅
士輩出。

值得一提的是，我們現在熟知的蘇州園林，在宋朝時期開
始成熟，迎來了一個建造的高峰。如今蘇州園林中歷史最
悠久的就是建造於北宋慶曆時期（1041 — 1048）的滄浪
亭，建造者為宋代文人蘇舜欽。他在遭貶謫後買下這座廢
園，園內以碧水貫通，並傍水造亭，因感於「滄浪之水清
兮，可以濯吾纓；滄浪之水濁兮，可以濯吾足」，便題名
「滄浪亭」，自號「滄浪翁」，又作〈滄浪亭記〉。好友歐
陽修也應邀作《滄浪亭》長詩，從此這座園林名聲大振。

蘇州滄浪亭複廊

明清時期，蘇州更是發展成全國最大的商業都市。「閶門內外，居貨山積，行人水流，列肆招牌，燦若雲錦。」閶門（蘇州古城的西門）一代成為蘇州的商業中心，清朝乾隆時期（1736—1796）的名畫《姑蘇繁華圖》、《盛世滋生圖》都描繪了當時閶門至楓橋商戶雲集的盛況。這一時期古典園林也越來越多，蘇州號稱「半城園亭」，現在著名的留園、拙政園、網師園等都在明清時期建造的。

今天蘇州也有着位居全國前列的經濟實力，在現代高樓建築的遮蓋下，溫潤水鄉的底色仍然融在城市的血液裏。

蘇州還有一個著名的古稱 —— 姑蘇。詩詞、史籍，以及《天龍八部》中都提過這個名稱。這又是怎麼來的呢？

傳說早在夏代之前的大禹時期，有一位很有名望的謀臣，叫做「胥」。他精通天文地理，博學多才，相助大禹治水有功，造福了百姓，深得敬重。當時的舜王為表彰他，就將蘇州這塊土地賜給胥。後來人們也把這塊土地稱為「姑胥」，「姑」字是前綴的發聲詞，沒有意義。在吳語中，「胥」和「蘇」是同音字，久而久之，「姑胥」也就叫成了「姑蘇」。

長白山是女真族聖地？

在《天龍八部》中，蕭峰為了救重傷的阿紫，千辛萬苦帶着她深入苦寒之地長白山，想要尋得長白山特產的人蔘為她療傷。在這裏，蕭峰遇上完顏阿骨打，阿骨打當時尚是女真族族長的兒子，還未創立後來的金國。蕭峰跟阿骨打外出打獵時，又擒得遼國皇帝耶律洪基，並和他結拜。蕭峰在長白山赤手屠熊搏虎，一身武功受女真人讚賞，並頗受款待。他用虎筋、虎骨、熊膽加上長白山人蔘，慢慢幫阿紫療癒了身體。

這樹木豐茂、白雪皚皚的長白山在哪裏？這裏與女真族有那麼深的淵源嗎？長白山真的盛產人蔘和野獸嗎？

長白山北坡天池

長白山位於今吉林東南部的延邊朝鮮族自治州安圖縣，是
中國和北韓邊境的界山。整個長白山山脈呈西南－東北走
向，綿延上千公里。中國境內約佔四分之三，北韓境內約
佔四分之一。

長白山是亞歐大陸東部最高的山系，也是東北地區松花
江、圖們江、鴨綠江三大水系的源頭。在古代，長白山就
因其古樸奇麗的風光和富饒的生態環境，備受重視，被東
北地區民族視作神山、聖山，朝鮮族也將其視作民族的發
源地。

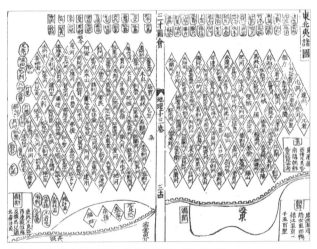

東北夷諸國，取自明人王昕、王思義編集的《三才圖會》。

長白山古稱不咸山，最早可見《山海經‧大荒北經》記
載：「東北海之外，大荒之中，有山名曰不咸，有肅慎氏
之國。」「東北海」就是今天日本海、渤海、黃海等總稱，
「大荒」就是東北的廣大地區，「肅慎氏之國」就是今天
滿族的先民肅慎生活的地方。

《後漢書‧東夷列傳》中稱為「單單大嶺」。[3]《三國志‧魏
志》又稱之為「蓋馬大山」（公元前 1 世紀至公元 1 世紀
朝鮮半島有一部落國家為蓋馬國，
漢置遼東玄菟郡，也下轄西蓋馬
縣）。南北朝至唐代又有稱為「縱
太山」、「縱白山」、「太白山」。可
見長白山的廣袤和終年白雪成為這
座山在人們心中最深的印象。

直到契丹族和女真族建立起遼國和
金國時，才開始採用長白山這個名
稱。《契丹國志》記載：「長白山在
冷山東南千餘里⋯⋯禽獸皆白。」
《金史‧志第十六》又記載：「長白

女真人形象，取自明人王
昕、王學思編集的《三才
圖會》。

3.　「單單」在古代少數民族語言中意為白色。

山在興王之地，禮合尊崇，議封爵，建廟宇。」女真人將長白山視作金國的「興亡之地」，金世宗命翰林院修撰黨懷英修撰《封長白山為靈應王冊文》，將長白山神化起來，封為「興國靈應王」，又建立靈應王神廟，命大臣帶着這份《冊文》前去祭奠。這說明長白山在女真人心中的地位是多麼崇高。

清朝統治者作為女真族的後代，也將長白山視作聖祖發祥聖地。康熙時期（1661—1722）冊封長白山為「長白山之神」，每年春秋二祭，形成了祭祀長白山的制度。

長白山處在歷史上火山活動較為激烈的區域，火山區主要包括胞胎山火山、望天鵝火山、天池火山三座大型火山錐體，其中主峰上的天池，就是一個深深的盆狀火山口，因為長時間的降水、積雪融化、地下水補給等，慢慢積水成湖，形成今天的模樣。長白山曾在 1597 年、1668 年和 1702 年發生過噴發，所以目前仍被視為處於休眠狀態的火山。長白山噴發形成的含有多種礦物質的火山灰，沉積在山體，形成了肥沃土壤，給這一區域的動植物繁衍提供了良好環境。

長白山距離太平洋較近，受海洋的暖濕氣流影響大，水汽

凝結形成充沛的降水，又是林區，水汽充足，還能得到江淮氣旋、華北氣旋等降水天氣系統的補給。加上緯度較高，氣溫較低，蒸發量較小，所以長白山地區的氣候比較濕潤，霧氣也多，也就形成了以紅松闊葉林為代表的喜濕性植物的聚集地，所以整個林帶望上去翠綠葱蘢。

茂盛的植被為長白山的土壤提供了大量的有機質來源，但由於這裏寒冷季節較長，土壤溫度低，所以有機質分解得慢，久而久之，就形成了深厚、肥沃的腐殖質土層，這也造就了人蔘等珍貴植物生長的優厚條件。穩定和豐富的森林環境又為動物帶來了豐富的食物，為牠們提供了優良的棲息和繁衍環境。長白山的動物種類較多，如哺乳類有樹棲的松鼠、紫貂；地棲的黃鼬、豹貓；大型獸類東北虎、豹、馬鹿、梅花鹿、黑熊、野豬等。蕭峰在此赤手屠熊搏虎也就有跡可循。

此外，長白山因被清朝統治者看作是滿族的發祥地，是「龍脈」所在，所以下令封禁長白山長達 200 多年，不讓人輕易進入。正因為人類干預較少，保護了山間獨特而完整的垂直自然帶，許多珍貴的動植物才得以保存下來，使得今天的長白山成為了世界少有的「物種基因庫」和「天然博物館」。

星宿海是黃河之源？

《天龍八部》中有一個臭名昭著的門派 —— 星宿派。星宿派的創始者丁春秋本是逍遙派的弟子，後來背叛師門，將師父無崖子打下懸崖，後被師兄蘇星河所騙，千里迢迢前往星宿海尋找武功秘籍，因而創立了星宿派。門下弟子稱其為「星宿老仙」，江湖中則稱之為「星宿老怪」。星宿派武功陰毒，好使毒物暗器，丁春秋又最喜別人阿諛奉承，弟子皆是馬屁精，所以星宿一派頗為人所不齒。

這星宿海，金庸在書中也有所解釋：「星宿海在青海省，

黃河源圖，東北角清楚標示出「星宿海」，取自明人王昕、王學思編集的《三才圖會》。

泉流、小湖甚多，古人以為是黃河之源，登高而視，湖泉如夜晚晴空，滿天星斗，故稱『星宿海』。」自幼長在丁春秋門下的阿紫也說過：「我們的星宿海雖說是海，其實是一大片沼澤和小湖而已。」

星宿海滿佈湖澤泉流，有如星斗一般，又是古人所認為的黃河之源。如此美妙的地方，卻孕育出古怪陰毒的星宿派，真是一個大大的玩笑。

星宿海是真實存在的地方，位於今青海果洛藏族自治州瑪多縣，海拔 4000 多米，是一塊狹長的盆地，東西長 30 多公里，南北寬十多公里。東鄰扎陵湖（黃河上游的大型淡水湖），西與黃河源流相接。黃河水流經此地，因地勢平緩，使得河面驟然加寬，流速也變得緩慢，河水四處流淌，形成大片沼澤和大大小小的湖泊。這些湖泊大小不一，在陽光的照射下湖面閃閃發光，宛如夜空中閃爍的星辰。沼澤湖泊間綠草如茵，野花盛開，百卉含英，所以星宿海在藏語中稱為「錯岔」，意思是「花海子」。

《西寧府新志》中曾對星宿海有這樣的記載：「星宿海形如葫蘆，腹東口西，南北匯水汪洋，西北亂泉星列，合為一體，狀如石榴迸子。每月既望之夕，天開雲淨，日上東

山，光浮水面，就岸觀之，大海汪洋湧出一輪冰鏡，億萬
千百明泉掩映，又似大珠小珠落玉盤。少焉風起波回，銀
絲散渙，眩目驚心，真塞外奇觀也。」

位於黃河源頭的扎陵湖

黃河流域是中華文明的發源地之一，所以黃河長期以來被
譽為中國人的母親河。磅礴浩蕩、奇偉壯麗的母親河到底
源於何處？這個問題引得先民們不斷尋根溯源，一探究
竟。再加上李白的那句「黃河之水天上來」，為黃河之源
添上一層浪漫色彩，更加引人遐想。

隋唐時期（581—907）以前，青海地區基本上都不在中
原王朝控制的範圍，自然難以談到黃河的溯源。對於黃河
源頭，《尚書・禹貢》、《爾雅》、《山海經》等古籍也是

眾說紛紜。貞觀時期（627─649），唐太宗派李靖、侯君集、李道宗率軍平定吐谷渾叛亂。他們大敗敵軍，並且兵分兩路乘勝追至柏海，即今天的扎陵湖。《新唐書》記載他們「次星宿川，達柏海上，望積石山，覽觀河源」。也就是自那時起，人們始將星宿海作為黃河河源。

元世祖想要搞清楚黃河確切的源頭，派遣旅行家都實等人實地考察。他們沿着黃河追溯，到達星宿海地區，認為此處就是黃河之源，記錄下此地的水文情況，並繪製圖冊。翰林學士潘昂霄根據都實留下的資料，寫成《河源志》，當中也寫道：「有泉百餘泓，或泉或潦，水沮洳散渙，弗可逼視，方可七八十里。履高山下瞰，燦若列星，以故名火敦惱兒。火敦，譯言星宿也。」他同樣描繪出了星宿海作為黃河源頭，其間大大小小泉潭湖泊璀璨如星的勝景。

清朝時期黃河多次氾濫，頻生災害。康熙皇帝着力治理水患的同時，也派專使拉錫、舒蘭探明黃河河源。拉錫到達星宿海，發現星宿海往上還有三條河流，但他並未向上追至源頭。乾隆時期（1736─1796），侍衛阿彌達奉命勘察河源，並「告祭河神」。阿彌達考察了星宿海上源的三條河流，認定星宿海西南的阿勒坦郭勒河（即今卡日曲）為黃河正源。

位於寧夏銀川黃河大峽谷的 108 塔（行旅拍攝）

中華人民共和國建立以來，也組織過多次黃河溯源的科學考察。對於星宿海西面的三條河流：北源扎曲、中源約古宗列曲、南源卡日曲，考察隊認為扎曲流程最短，水量小，只能算作約古宗列曲的一條支流，而卡日曲較約古宗列曲長近 30 公里，流域面積多 700 平方公里，水量也大兩倍多。所以在最新的考察和測量結果中，仍將卡日曲作為黃河的主源。

而星宿海，正是黃河這三處源頭河流匯聚以後，經過的第一個「加油站」。河水經此繼續東流，匯聚大大小小的支流，一路「咆哮萬里觸龍門」，「奔流到海不復回」。

瀾滄江又是湄公河?

段譽誤闖無量山劍湖底的「琅嬛福地」,習得「凌波微步」和「北冥神功」。從「琅嬛福地」走出來之後,「一眼望過去,外邊怒濤洶湧,水流湍急,竟是一條大江。江岸山石壁立,嶙峋巍峨,看這形勢,已到了瀾滄江畔」。

此後,他遇見木婉清,兩人在躲避追殺途中,「快步走向山崖彼端望去,不由得嚇得腳也軟了,幾乎站立不定。只見崖下數百丈處波濤洶湧,一條碧綠大江滾滾而過,原來已到了瀾滄江邊。江水湍急無比,從這一邊是無論如何上不來的」。

金庸多次描寫到了這條流經大理(今雲南)的瀾滄江,洶湧澎湃,駭浪驚濤,讓段譽都嚇了一跳。

瀾滄江確實是今天流經中國西部的一條大河,甚至可算作是世界第九長河、亞洲第四長河及東南亞第一長河。

更特別的是,中國整體地勢呈西高東低,所以許多大河都是由西向東流淌,「百川東到海」、「一江春水向東流」成為人們對江河流向最普遍的印象。然而也有一些河流呈南

北流向，如遼河、湘江等，這瀾滄江也是其中的代表。

瀾滄江發源於中國青海省玉樹藏族自治州的雜多縣唐古拉山北麓，古名闌滄水、蘭倉水，又名鹿滄江。發源地有兩個源頭，主流北源是扎納曲，南源是吉曲。二源向東流入西藏昌都地區匯合後始稱瀾滄江，再南流至雲南省，由勐臘縣出境後被稱為湄公河，最終在越南胡志明市以南注入太平洋。可以說，中國的瀾滄江與東南亞的湄公河是同一條河。瀾滄江—湄公河流經中國、緬甸、老撾、泰國、柬埔寨、越南，由北向南流向，幹流全長 4,880 公里，流域面積 79.5 萬平方公里，不愧是東南亞第一長河。由於流經的東南亞國家比較多，與歐洲的多瑙河相似，所以瀾滄江—湄公河也被稱為「東方多瑙河」。

瀾滄江—湄公河由北向南流動，縱穿近 25 個緯度，所經流域幾乎囊括了世界上除戈壁和沙漠以外的所有自然景觀和氣候類型。從發源地青藏高原的平淺河谷，進入中游山高谷深、縱列分佈的橫斷山脈，再流入東南亞平緩的洪泛平原和三角洲。其中橫斷山脈跨越四川、雲南和西藏東部，是受地球板塊劇烈碰撞、擠壓而隆起，形成的褶皺般高低起伏的幽深峽谷。如此大型的山脈，橫向阻斷了交通，因而有了橫斷山脈這個名字。瀾滄江流經這裏的深切

瀾滄江周邊的梯田

河谷，變得水流湍急，怒濤狂哮，浪花飛濺，兩岸危崖聳立，峭壁千仞，身處其間讓人驚心動魄，這也正是段譽眼前的景象。

瀾滄江流域內氣候差異很大，從北到南表現出從寒帶到熱帶各種氣候帶特徵，也由此發育出從熱帶雨林到高山灌叢、草甸的完整植被系列。這裏也棲息着青藏高原、西南地區的許多動物種類，包括大量的珍稀瀕危野生動物物種，如長臂猿、亞洲象、印度虎、孔雀等。可以説，瀾滄江流域孕育了中國極為寶貴的動植物資源。

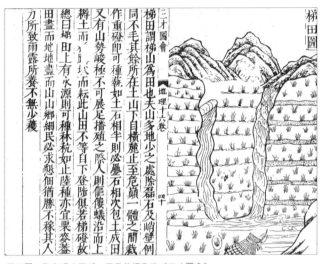

梯田圖，取自明人王昕、王思義編集的《三才圖會》。

瀾滄江流域也是中國少數民族種族最多的地區。源區和上游是藏族聚居區，人口中 90% 以上是藏族，雲南西北部也生活着十萬藏族人口。全流域還居住着傣族、彝族、白族、納西族、回族、傈僳族、拉祜族、哈尼族等 20 餘個少數民族。加之橫斷山脈造成天然的封閉和阻隔，使得中游區域形成了多元繽紛的民族文化積澱。

流出雲南的瀾滄江，叫湄公河，河谷較寬，多彎道，並成為緬甸、老撾及泰國的界河。河道經老撾境內的

孔（Khone）瀑布進入低地，到柬埔寨金邊與洞里薩（TonleSap）河交匯後，進入湄公河三角洲。這一河段被越南人稱為九龍江，是越南第一大平原，平均海拔不到兩米，氣候優越，地形平坦，土壤肥沃，是越南稻米生產的主要產地，也是東南亞著名的產米區之一、舉世聞名的糧倉。泰國、老撾、柬埔寨和越南四國還組成湄公河委員會，以合作開發和管理湄公河流域的河流資源、河上航運、洪水控制、漁業、農業、發電、環境保護等領域的事務。

為甚麼發源於青海的瀾滄江，流出中國國境後，就改了一個不一樣的名字——湄公河呢？湄公河的正式名稱 Mekong 其實源於泰語 Mae Nam Khong 的縮寫。其中 Mae Nam（แม่น้ำ）直譯過來就是母親河，引申為大河；Khong（โขง）則由 Krom 或 Khom 一詞演變而來，是古代泰人對居住在該河流域的高棉人（孟高棉語族諸族）的稱呼，合在一起意思就是「高棉人之河」。所以湄公河是泰人（也就是今天生活在泰國和老撾的傣泰民族）對這條河的稱呼。後來緬甸語、高棉語也都借用了「湄公河」這個稱呼，並廣泛在流經的五個東南亞國家使用。

第二章
俠之大者，為國為民

張家口的江南菜

在《射鵰英雄傳》中，郭靖和黃蓉的第一次見面，就是在張家口的一家小酒館裏。當時，江南七怪帶着郭靖離開大漠，前往嘉興府醉仙樓赴約。郭靖先行，路經張家口。小說中描寫：「張家口是南北通道，塞外皮毛集散之地，人煙稠密，市肆繁盛。」

而郭靖此時還是個初見世面的憨小子，在酒館裏只知道吃牛羊肉。打扮成叫花子的黃蓉，便帶他開了回眼界，大剌剌地點起了菜。

「那少年道：『別忙吃肉，咱們先吃果子。喂夥計，先來四乾果、四鮮果、兩鹹酸、四蜜餞。』」

「乾果四樣是荔枝、桂圓、蒸棗、銀杏。鮮果你揀時新的。鹹酸要砌香櫻桃和薑絲梅兒，不知這兒買不買到？蜜餞麼？就是玫瑰金橘、香藥葡萄、糖霜桃條、梨肉好

郎君。」

「八個酒菜是花炊鵪子、炒鴨掌、雞舌羹、鹿肚釀江瑤、鴛鴦煎牛筋、菊花兔絲、爆獐腿、薑醋金銀蹄子。」

黃蓉一口氣點出的這 20 幾樣果蔬菜餚，的確讓我們對宋朝風物和江南菜系心馳神往，但這一切卻發生在張家口。

張家口位於今河北省北部，臨近河北、內蒙古兩省交界，是蒙古進入中原的交通要塞。郭靖此去南方，還受了成吉思汗的命令前往金國中都，也就是今天的北京，刺殺完顏洪烈。而張家口正是守護北京的「北大門」，今天張家口宣化古城還懸掛有清朝乾隆皇帝題寫的「神京屏翰」匾額，讚揚此地為京師屏障。從蒙古出發，向東南方向走，途徑張家口，這本是很正常的。

但實際上，張家口這個地名直到明朝才開始出現。當時這裏屬宣府鎮，而宣府鎮則是沿明長城而建的九個重鎮之一。張家口最早的地理位置位於東西太平山之間，兩山對峙，清水河從中穿過，形成關口。明朝洪武時期（1368—1398）此處人口稀少，《宣府鎮志》記載：「民戶不足，調山西諸處餘丁充之。」其中有張姓人家遷來此處聚居，

久而久之有了張家口這個地名。1429 年，明朝指揮使張文在這裏興建城堡，命名為「張家口堡」。

明朝隆慶時期（1567—1572），明朝與蒙古俺答部和議，封俺答汗為順義王，並開放包括張家口在內的 11 處邊境口岸發展貿易，史稱「隆慶和議」或「俺答封貢」。從此，「張家口堡」這個向來作為屯兵守邊的武城慢慢變成茶馬互市、熱鬧興旺的商城。為了方便往來人畜通過，城牆上開設了一處「小境門」，到了清朝更開設了一處「大境門」。這便是張家口成為南北交通要塞、以至繁華商埠的歷史脈絡。

張家口大境門長城

在《射鵰英雄傳》所設定的時代背景是南宋，當時張家口地區屬於金國的西京路，尚未形成正式的建制。所以郭靖和黃蓉是不會在這裏看到人煙稠密，市肆繁盛的景象，也不會知道這是一處交通要塞。金庸如此設定，或許只是借用後世已發展興盛的張家口這個地方，套入南宋的時代而已。

再看黃蓉點的這 20 多道菜餚，其中大部分酒菜並不是真實存在的，但要說是金庸憑空捏造的嗎？那也未必。

宋末元初周密撰寫的《武林舊事》，記錄了臨安城（今浙江杭州）的都市風貌和市民生活，當中有一節記載清河郡王張俊在府邸宴請作客的宋高宗一行人。這一排筵席，極盡奢華，令人歎為觀止。這次家宴分「初坐」、「再坐」、「正坐」、「歇坐」四個部分。「初坐」是讓宋高宗稍事歇息，有七輪 70 餘樣果品；「再坐」則是高宗上了桌，在正宴前上的前菜，六輪 60 餘樣果品，「正坐」則是御宴正宴，十五盞共 30 道菜；最後「歇坐」為餐後小菜，約 30 樣小食。整個宴席僅招待宋高宗一人便多達近兩百道菜品，真讓人驚掉下巴！細看其中的菜式，則頗能見到端倪。

「初坐」中「乾果子」一輪共 12 樣：「荔枝、圓眼、香蓮、榧子、榛子、松子、銀杏、梨肉、棗圈、蓮子肉、林檎旋、大蒸棗。」黃蓉所說的荔枝、桂圓、蒸棗、銀杏全部出自其中。

「初坐」當中另外「砌香鹹酸」（用香料醃漬的果子）一輪共 12 樣：「香藥木瓜、椒梅、香藥藤花、砌香櫻桃、砌香萱草拂兒、紫蘇奈香、砌香葡萄、甘草花兒、梅肉餅兒、薑絲梅、水紅薑、雜絲梅餅兒。」黃蓉的砌香櫻桃和薑絲梅兒也在其內。

「再坐」中「瓏纏果子」（裹上糖霜的果子）一輪 12 樣：「荔枝甘露餅、荔枝蓼花、荔枝好郎君、瓏纏桃條、酥胡桃、纏棗圈、纏梨、香蓮事件、香藥葡萄、纏松子、糖霜玉蜂兒、白纏桃條。」黃蓉點的玫瑰金橘、香藥葡萄、糖霜桃條、梨肉好郎君雖不盡相同，但也是玩了一個重新排列組合。

「正坐」第一盞第一道菜同是花炊鵪子，而其他幾道菜雖然不能完全對得上，但也化用了不少當中的烹飪技法和食材，如羹、鴛鴦、釀、薑醋、肚、江瑤（一種海貝）等。

《武林舊事》中記錄的是臨安府的見聞，與黃蓉的家鄉都屬江浙地區，所以金庸化用了其中的菜式，炮製出這桌「張家口宴」，也屬合情合理。但此時郭靖、黃蓉身處張家口，一南一北，風土物事大不相同，黃蓉張口點上一桌江南盛宴，確實難為店家。這種反差，是黃蓉為了反擊店小二看不起她「叫花子」打扮所產生的巧思，也意在表現黃蓉原本不俗的來歷和刁鑽古怪、活潑俏皮的性格。

在金中都招漢人婿？

在《射鵰英雄傳》中，郭靖從蒙古大漠一路來到金國中都：「這一日到了中都大興府。這是大金國的京城，以前叫作燕京，是先前遼國的南京，乃當時天下形勝繁華之地，即便宋朝舊京汴梁、新都臨安，也有所不及。郭靖長於荒漠，又怎見過這般氣象？只見紅樓畫閣，繡戶朱門，雕車競駐，駿馬爭馳。高櫃巨舖，盡陳奇貨異物；茶坊酒肆，但見華服珠履。花光滿路，簫鼓喧空；金翠耀日，羅綺飄香。只把他這從未見過世面的少年看得眼花繚亂。所見之物，十件中倒有九件不知是甚麼東西。」

在這裏，他無意間偶遇楊鐵心帶着穆念慈，以「比武招親」的方式尋找義兄郭嘯天後人，也就是郭靖自己。而比武者的條件，指向性也頗為明顯：「凡年在二十歲上下，尚未娶親，能勝得小女一拳一腳的，在下即將小女許配於他。如是山東、兩浙人氏，就更加好了。」沒曾想到卻引得楊康上台比試，開啟了楊穆之間的一段戀情。

郭靖來到的這座中都城，就是今天的北京。北京如今是中國的首都，而要追溯北京的建都史，正正就是以金中都作為實際開端。

北京由先秦時期（約公元
前21世紀―前221年）開
始建城，稱為薊城。由於
此地背倚群山之險，南面
面向廣闊的華北平原，憑
藉地勢成為控制南北通衢
的要地，所以很早就成為
北方的軍事重鎮。五代十
國時期（907—960），
遼國從石敬瑭手中取得包
括北京在內的「燕雲十六
州」。938年，遼太宗將北
京地區提升為陪都，稱南
京幽都府，後又改號析津
府，成為遼五京之一。[1]

金國佛像，位於山西大同市善化寺。善
化寺原名開元寺，後改名大普恩寺，
始建於713至七四一年間，一一二二
年大部分毀於戰火，1128年重修，
一一四五年改名善化寺，取自小田勝衛
編纂：《東洋文化史大系：宋元時代》
（東京：誠文堂新光社，1938）。

隨着金國滅遼吞宋，北京地區（此時稱燕京）成為了金國
土地。金國原本定都於上京會寧府（今黑龍江哈爾濱市阿
城區南），但金國領土不斷向南延伸，上京就顯得偏於北
方一隅，無法顧及南方疆土的統治。而燕京此時位於金國

1.　　遼五京：上京臨潢府、中京大定府、東京遼陽府、南京析津府、西京大同府。

領土的中心位置，漕運亦比較便利，再加上本就是軍事要塞，較上京更適於統御全國。海陵王登基後，就「詔遷都燕京」，「廣燕城，建宮室」。[2] 1153 年正式遷都，改燕京為中都，詔告天下。海陵王還特地改元「貞元」，意味着一個新時代的開始。

遷都後，金中都在原來遼南京的基礎上，進行了擴建。東、西、南三面城牆各向外拓展三里，外圍周長達到約 33 里，整體面積較遼南京擴大了約一倍。整個中都城又分大城、皇城、宮城三重結構，以宮城為中心，整體格局呈一個方正規整的「回」字形。外城開 13 門，城內街道均為東西、南北走向，井井有條。居民區則以坊為單位劃分。為滿足皇室成員遊玩、休閒的需要，又在城內建有東苑、西苑、南苑、北苑，城外建有長春宮、釣魚台、建春宮、萬寧宮等多處皇家園林行宮。

早在金朝初年，燕京城城北區域就已是熱鬧的商業中心，「城北有三市，陸海百貨萃於其中」。[3] 金朝海陵王遷都時，為斷絕退路，將上京宮殿、王府等建築全部平毀，逼使大批金國貴族宗室遷移至新都，從而帶動人口急速上升和城

2.　《金史·本紀第五》。
3.　《宣和乙巳奉使金國行程錄》。

市發展，中都很快成為了中國北部最繁華的大都市。

城中聚集了南北各行各業的工匠，手工業品五花八門，食品、衣物、金銀器具、日用雜貨等物品應有盡有。各類物品湧入市場，促進了商業繁盛，為此，朝廷還設立市令司，以管理監察市場，又設都商稅務司，專責徵收商稅。為使南方的貨物得以進入中都，金國還着重發展水路運輸。海陵王將潞水引入中都之東，在此始設通州，取「漕運通濟」之意。潞水南流，經各個河道可達今日河北、河南、山東等地。中都西面又架設盧溝橋（初時稱廣利

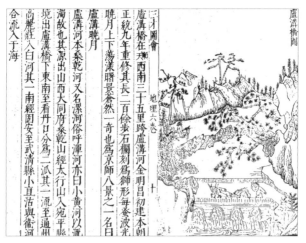

盧溝橋圖，取自明人王昕、王學思編集的《三才圖會》。

橋），用於方便旅人、商客來往盧溝河（今永定河）兩岸。
由此，中都成為了聯通南北的經濟中心。

回到《射鵰英雄傳》的情節中，楊鐵心遠離故土，來到這
樣一個金國的大都市內，先不說找不找得到郭靖，單單是
尋覓一位「漢人婿」，有可能嗎？

若從歷史來推斷，成功率應相當高。最盛時，中都地區有
逾 160 萬人，聚居着女真、漢族、契丹等各族群體。在
經濟、商業繁榮的同時，這裏也成為了重要的文化中心。

盧溝橋，取自小田勝衛編纂：《東洋文化史大系：宋元時代》（東京：誠文堂新光社，
1938）。

在中都設立的太學、國子監、翰林院等文化機構，吸引和
聚集了眾多人才。金國的科舉考試，分鄉、府、會和殿四
級，最終的殿試在中都舉行。科舉制度的實行，為金國選
拔了不少政治人才，也促進了女真族的漢化。金國文學
家元好問輯有《中州集》，保存了大量金代詩人的文學作
品。金國君主及皇室成員也不乏大量漢詩傳世，可見中都
文壇的繁盛多彩。在這樣一個高度漢化的都城中，若單以
「招漢婿」為目標，想來不是甚麼難事。

山外青山樓外樓：臨安

《射鵰英雄傳》故事的歷史背景設置在南宋，其中不少情節都與南宋都城臨安脫不開關係。書中第 23 回〈大鬧禁宮〉也藉着郭靖、黃蓉、洪七公、周伯通的眼睛，直接描寫了臨安府的景象：「臨安原是天下形勝繁華之地，這時宋室南渡，建都於此，人物輻輳，更增山川風流。四人自東面候潮門進城，逕自來到皇城的正門麗正門前。這時洪七公坐在騾車之中，周伯通等三人放眼望去，但見金釘朱戶，畫棟雕樑，屋頂盡覆銅瓦，鐫鏤龍鳳飛驤之狀，巍峨壯麗，光耀溢目。」

臨安就是今天浙江杭州。靖康之變後，宋室南渡，宋徽宗第九子趙構在應天府（今河南商丘）即皇帝位，是為高宗。宋高宗就數次到達杭州，最終定都於此，杭州也發展成了繁華的大都市。

為甚麼南宋選擇在臨安駐蹕？宋高宗一路南逃時，先後輾轉至揚州、建康（今江蘇南京）、越州（今浙江紹興）、明州（今浙江寧波）。但金兵一路南下，高宗甚至倉皇搭船出海，在海上漂泊，眼見金兵追擊不成之後北撤，才回到越州。經過這次狼狽的遭遇後，高宗放棄了原本在建康

長駐的想法，認為建康離金國太近（約 130 公里），很容易受到金人的侵擾。而杭州更靠靠南方（距離宋金邊境約400 公里），地理位置更加安全，而且背靠大海，就算到了最危急的情況，還可以從杭州灣出海逃避金兵追捕。

而杭州並不是首次與政權首都掛鈎。五代十國時期（907 — 960），杭州刺史錢鏐控制了兩浙（唐末、五代時稱浙江東道、浙江西道，包括今浙江省和江蘇省長江以南部分地區），以杭州為首都，建立吳越國。因為吳越勢單力薄，所以主動遠離中原戰事，採用「保境安民」的政策，修築錢江石堤，疏通水利，發展生產，並且和新羅、後百濟、高麗、日本、琉球等海外國家通商，使得杭州發展成為東南地區繁華的大都市，有所謂「錢塘富庶盛於東南」[4] 的評價。錢鏐還擴建了首都杭州的城垣，分為子城（王城）、夾城（都城城牆）和羅城（城牆外另築的環牆）三重。因整個羅城南北長、東西窄，形似腰鼓，所以杭州又有「腰鼓城」之稱。

在富庶的江南地區背後，是當時整個中國經濟大形勢的轉變。五代十國以後，北方戰亂頻仍，中原地區人口南遷，

4.　《資治通鑑》。

大衣者　二等冠子幞背者　三等冠子衫子裹袴

者前有小女童等及諸社會動大樂迎酒檯悲府冷

呈作樂呈伎藝雜劇三盞退出於大街諸處迎引歸

庫

食店

【都城紀勝】

茶蓋因京師開此店以備南人不服北食者今既在

南食店謂之南食川飯分

事件肚胘腰子之類

飽則前輕後重如頭羹石髓飯大骨飯之類

點索食次大要及時如欲速飽則前重後輕如欲遲

都城食店多是舊京師人開張如羊飯店兼賣酒凡

南則其名誤矣所以專賣麵食魚肉之屬如铺羊

家常三刀麵皆是也若索供逐店自有單子牌面

撥刀雞鵝麵鯽魚麵鱔魚麵抹肉下至

麵食店又謂之分茶……

血臟麵素骨頭麵……

饊饆饋店專賣大饅菜麵……

素食店賣素簽饅……

蓋賓飯也專賣家常……衢州飯店又謂之閩飯店

飲食充齊素饌會之備……欲求粗飽者可

往惟不宜尊貴人

市食點心涼暖之月大驛多賣豬羊雞煎爊煠腑臟割子

五

【都城紀勝】

亦如此

新樣油餅兩枚夾而食之此北食也其餘諸行百戶

如酪麵亦只後市街賣酥賀家一分每簡五百貫以

之內前卜家從食街市王宣旋餅望仙橋糕是也

者如呼熟肉為白肉是也蓋白肉別是砧壓去油者

名亡而實存者如釀羹一就薑麵是也又有誤名之

六

市食有名存而實亡者如瓠羹是也亦有

茶坊

大茶坊張掛名人書畫在京師只熟食店掛畫所以

消遣久待也今茶坊皆然冬天兼賣擂茶或賣鹽豉

湯暑天兼賣梅花酒紹興間用鼓樂吹梅花引曲用

旋斟如酒肆閒正是論角如京師量賣茶懷多有

人子弟占此會聚習學樂器或唱叫之類謂之掛牌

宋人耐得翁在《都城紀勝》中描寫南宋時期杭州的食店和茶坊

中國南方的人口開始超過北方。南方經濟社會安定，農業水利大興，最終促成中國的經濟重心南移。當時江南地區太湖一帶的糧食產量在全國已有舉足輕重的地位，流傳着「蘇湖熟，天下足」[5] 的諺語，當中所指的蘇州、湖州（或常州）都是太湖流域的重要糧倉。此外，還有成熟的手工業生產、造船技術等，物產豐饒，貿易發達。杭州位處富饒的江南地區，在此建都，足以掌握和支撐南宋經濟。再加上杭州向北連接京杭大運河，本身也有便捷的河運交通網絡，保證了南北的漕運、郵遞、商貿以及政令下達，較江南其他地區有其顯著的優勢。

杭州的盛景自然少不了出現在文人墨客的華章瑰句當中，其中宋人柳永的《望海潮》就可謂杭州最大氣磅礴的城市形象廣告：

> 東南形勝，三吳都會，錢塘自古繁華。
> 煙柳畫橋，風簾翠幕，參差十萬人家。
> 雲樹繞堤沙，怒濤卷霜雪，天塹無涯。
> 市列珠璣，戶盈羅綺，競豪奢。
> 重湖疊巘清嘉，有三秋桂子，十里荷花。
> 羌管弄晴，菱歌泛夜，嬉嬉釣叟蓮娃。

---

5. 另一說是「蘇常熟，天下足」。

杭州六和塔

千騎擁高牙，乘醉聽簫鼓，吟賞煙霞。
異日圖將好景，歸去鳳池誇。

1129 年，宋高宗升杭州為臨安府（宋朝二級行政區有府、
州、軍、監四級）。1138 年，正式定都臨安府，稱「行在
所」。有意思的是，終宋一朝，宋朝名義上的首都只有東
京開封府，臨安只是稱作「行在」，但誰都知道，臨安雖
無首都之名，卻已行首都之實。

南宋臨安城的城市佈局以吳越都城杭州的城建為基礎，分
為宮城和外城。以子城作為宮城，偏居於城南角鳳凰山一
帶，與以往宮城居於京城中央的慣例大為不同。以羅城為
外城，南北長約 14 里，東西寬約兩米。羅城四面共開 13
座城門，又開設水門作為航運通道。

隨着皇室在此定居，北方的大批官員、百姓也湧入臨安。
百業工匠、四方商賈雲集，城市人口總數在南宋乾道時期
（1165—1173）已有 55 萬人，至南宋咸淳時期（1265—
1274）則到達 124 萬人。有意思的是，臨安府這一大批
北方移民，還對本地的杭州話產生了重大影響，促成了一
次大的語言融合。現今的杭州話雖具備吳語的一般特徵，
但也有很重的官話色彩，與南宋臨安府的南北人口融合脫

不開關係。

直至宋末，宋人再也沒能收復北方失地，南遷的人似乎迷失在了這江南的湖光山色中，西湖也從灌溉農田的內湖成為了著名的旅遊勝地，於是有了林升的那首《題臨安邸》：

山外青山樓外樓，西湖歌舞幾時休？
暖風熏得遊人醉，直把杭州作汴州。

江南嘉興匯聚四方豪傑

位於江南的小城嘉興在《射鵰英雄傳》中共出現了 66 次，可說是全書最重要和最受關注的地點之一。這座古城引得五湖四海的武林英豪在此相聚、比武，大顯身手，不少陽謀、陰謀也在此點破，改寫了郭靖、黃蓉、江南七怪等主要人物的命運。

為何金庸對嘉興如此青睞？金庸本人就出生於浙江海寧（海寧市，如今是嘉興市代管的縣級市），往大了說也可以算是嘉興人，中學又考入嘉興中學（今嘉興一中），對這個地方自然懷着一份特殊的感情。嘉興的自然地理、人情物事他都不陌生，於是順手寫入小說中，濃墨重彩，跌宕起伏，這也是他深沉的家鄉情結的映現。

《射鵰英雄傳》第 1 回開始，經過牛家村驚變後，就藉着完顏洪烈之眼描寫了嘉興：「次日中午，兩人到了嘉興。那是浙西大城，絲米集散之地，自來就十分繁盛，宋室南渡之後，嘉興地近京師，市況就更熱鬧…… 完顏洪烈懷了金銀，逕往鬧市走去，見城中居民人物溫雅，雖然販夫走卒，亦多俊秀不俗之人，心中暗暗稱羨。」

嘉興是非常具代表性的江南水鄉，人傑地靈。這裏地勢平坦，河網密佈，無疑非常適合水稻耕作。距今 7,000 年的新石器時代馬家浜文化就發源於此，當中的遺址證明了當時的先民已經在這裏從事稻作及漁獵活動，而馬家浜文化也被視為江南文化的源頭。隋朝時期開鑿大運河，嘉興屬於江南運河的部分，連通了杭州至鎮江，也由此帶來了水利灌溉和舟楫運輸之利。嘉興在唐朝時期已經成為江南地區重要的糧倉，有所謂「嘉禾一穰，江淮為之康；嘉禾一歉，江淮為之儉」。[6] 宋朝時期以後，加上手工業和海運的發展，棉布絲綢等商品經濟也日漸興旺。這完顏洪烈暗暗稱羨，也就不足為奇了。

南湖

南湖是嘉興最負盛名的風景名勝，與杭州西湖、南京玄武湖並稱「江南三大名湖」。《射鵰英雄傳》寫道：「湖面輕煙薄霧，幾艘小舟蕩漾其間，半湖水面都浮着碧油油的菱葉。」嘉興南湖最早形成於漢朝，北宋開始，南湖周邊開始興建起眾多園林，亭台樓閣，也由此成為了旅遊勝地。而南湖菱又是嘉興南湖的特產，與別處的菱角不同，因其

---

6. 《蘇州嘉興屯田紀績頌並序》。

嘉興南湖

圓潤無角，也稱「元寶菱」。以往，南湖中菱葉田田，漁
歌互答，霞光粼粼，一派醉人的江南水鄉景色。但如今已
然看不到，南湖菱的種植地全部遷至油車港鎮的菱角種植
大棚中。

南湖在古代還稱作「鴛鴦湖」，《射鵰英雄傳》中也寫道：
「而洪七公高聲向黃藥師道：『藥兄，這南湖可還有個甚
麼名稱？』黃藥師道：『又叫作鴛鴦湖。』洪七公道：『好
啊！怎麼在這鴛鴦湖上，你女兒女婿小兩口鬧彆扭，老丈
人也不給勸勸？』」原因是南湖的西南面實際上還有一片

西南湖，兩湖由綠洲相連，好似鴛鴦交頸，所以有了鴛鴦湖的別稱。西南湖有大片的喬木、灌木植物，風光旖旎，如今成為了嘉興有名的生態綠洲。

醉仙樓和煙雨樓

《射鵰英雄傳》第 2 回中，江南七怪和丘處機初次在醉仙樓相逢、比武，之後他們又約定 18 年後各自帶着郭楊二人之子重會。郭靖長成後，來到醉仙樓：「醉仙樓在南湖之畔，郭靖來到樓前，抬頭望去，依稀仍是韓小瑩所述的模樣。這酒樓在他腦中已深印十多年，今日方得親眼目睹，但見飛檐華棟，果然好一座齊楚閣兒。店中直立着塊大木牌，寫着『太白遺風』四字，樓頭匾額黑漆已有剝落，蘇東坡所題的『醉仙樓』三個金字仍擦得閃閃生光。」醉仙樓是金庸虛構的地方，如今在南湖之畔雖也能找到，但卻是根據小說新建的，是先有其文再建其樓。

但第二次比武最終不在醉仙樓，而是約在了南湖中的煙雨樓。煙雨樓一場大戰，聚集了郭靖、黃蓉、黃藥師、歐陽鋒、洪七公、周伯通、全真七子、梅超風等幾乎當時所有的江湖好漢，場面驚心動魄。先前醉仙樓雖是杜撰，但煙雨樓卻是嘉興真實存在的名勝。

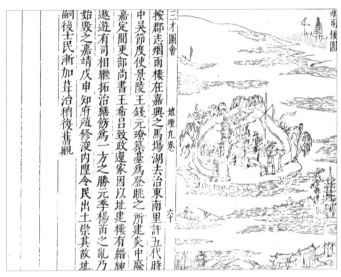

嗣後士民漸加葺治稍復舊觀　始毀之嘉靖戊申知府趙瀛浚內隍令民出土崇其故址乃　遂遊有司相繼拓治繕飭為一方之勝元季楊苗之亂乃　嘉定間吏部尚書王希呂致政還家因以址建樓有縉紳　中吳節度使景陵王錢元璙築臺為登眺之所建炎中藤　按郡志煙雨樓在嘉興之馬場湖去治東南里許五代時

三才圖會　地理九卷　六十

煙雨樓圖，取自明人王昕、王學思編集的《三才圖會》。

煙雨樓位於南湖湖心島上，因唐朝詩人杜牧「南朝四百八十寺，多少樓台煙雨中」而得名。始建於五代後晉，幾經興廢、重建。如今所見的煙雨樓，是在明朝重建，畫棟雕樑，引得清朝乾隆皇帝六下江南時，曾八次登臨遠眺，賦詩吟哦。煙雨樓遂成為了江南地標。

鐵槍廟

郭靖誤認為黃藥師殺死江南五怪，於是在煙雨樓和他酣鬥

了一番。但之後，黃蓉帶着柯鎮惡來到鐵槍廟中，誘使歐陽鋒、楊康在此承認自己才是真兇，澄清了誤會。同時還揭穿楊康殺死歐陽克的秘密，楊康無奈殺人滅口，卻反中蛇毒，慘死廟中。

鐵槍廟在嘉興的歷史上曾經存在，但建築已經亡佚，今天已難尋其舊跡。而這廟正如書中所説，是為了紀念五代名將鐵槍王彥章。王彥章是後梁名將，驍勇善戰，「持一鐵槍，騎而馳突，奮疾如飛，而佗人莫能舉也，軍中號『王鐵槍』」。他在後梁建立的過程中屢立戰功，獲封「開國伯」，但在後唐進攻後梁的戰事中被擒獲。後唐莊宗李存勗勸他投降不果，於是將其殺害。後人看重王彥章忠心赤膽，以身殉國，於是建廟懷念，歐陽修《新五代史》還為其特立一傳，名為〈死節傳〉。

楊康品行卑劣，認賊作父，最終慘死在紀念一代忠臣王彥章的鐵槍廟裏，其中是否暗含着金庸對楊康的諷刺與唾棄？其中頗值得玩味。

東海上的世外桃源：桃花島

《射鵰英雄傳》營造了五位武功蓋世、登峰造極的武林高手——東邪、西毒、南帝、北丐、中神通，是為「五絕」。從名號上看，顯而易見是以個人所居住的位置而言。其中，東邪黃藥師所居住的桃花島可說是最令讀者心馳神往的地方。桃花島是位於大陸以東的一處海島，風景秀麗奇妙，常人難以至此。而島主黃藥師博學多識，奇門遁甲、天文地理無一不知，但又性情孤僻、行蹤不定，使得桃花島又更添一分神秘色彩。

《射鵰英雄傳》第 16 回，郭靖得以隨黃蓉僱船登島，一探究竟：「船將近島，郭靖已聞到海風中夾着撲鼻花香，遠遠望去，島上鬱鬱蔥蔥，一團綠、一團紅、一團黃、一團紫，端的是繁花似錦。……他焦急起來，躍上樹巔，四下眺望，南邊是海，向西是光禿禿的岩石，東面北面都是花樹，五色繽紛，不見盡頭，只看得頭暈眼花。」郭靖在此遇到被黃藥師囚禁了 15 年的周伯通，與他結拜為兄弟，習得「空明拳」、「左右互搏」和整本《九陰真經》，又在三道試題的比試中贏了歐陽克，娶得黃蓉。這一系列情節峰迴路轉，妙趣橫生。

這樣一座有如世外桃源般的海島，是否確實有所根據？其實，金庸自己是給出過答案的。1994 年，金庸和夫人林樂怡去到舟山普陀，接受訪問時說：「我是第一次到普陀，《射鵰英雄傳》寫於 1957 至 1959 年期間，那時並沒有到過桃花島。我是從地理書上看到東海有那麼一個島，因為我是浙江人，寫《射鵰英雄傳》時需要一個海上的島，有一點浪漫情調的，不能離大陸太近，也不能太遠，桃花島的位置很適當，面積不小，南宋時罕有人跡，十分適合給書中黃藥師啦、黃蓉啦、周伯通啦設立一個活動的天地，小說中宋朝時期有桃花島的情況，跟現在的情況也不盡相同。如果人們要證實《射鵰英雄傳》書中的東海桃花島的原型是不是舟山群島中的桃花島，我說是的。」

桃花島位於浙江省舟山市普陀區，是舟山群島第七大島，位於東海上，往西與大陸相距 12 公里。桃花島面積 41.7 平方公里，現人口有約為 1.15 萬人。現在若要去島上遊玩，需從碼頭乘輪渡前往。

桃花島為何有這樣一個浪漫的名字？據說秦朝時期有一位叫安期生的隱士，漂流至島上隱居，他在這裏採藥修道，開爐煉丹。有一日喝醉後，他將墨汁灑在山石上，呈現出斑斑點點的桃花紋，奇形怪狀，好像天然而成，於是將石

金庸為桃花島題字

頭稱作「桃花石」，山稱「桃花山」，島也就稱「桃花島」。安期生常年遠離世俗，放浪不羈，又研究五行八卦、「旁門左道」，是不是黃藥師的原型人物？不得而知。

若問桃花島上有沒有桃花？可能令人失望了，這島上並沒有桃花盛開。桃花島的景致並不在桃花，而在碧海青天，山色葱蘢。雖然沒有桃花，但這裏是中國三大水仙名品之一的普陀水仙和浙江名茶普陀佛茶的主產地，同時又是浙江沿海林木品種最多的島嶼，所以被稱為「海島植物園」。

位於桃花島東海岸桃花峪，是島上環境最優美的區域。這裏空幽 ，奇岩壁立、晨觀日出，夜聽濤瀾。同樣位於東岸的千步金沙，長逾一公里，是舟山群島面積第二大的沙灘。

安期峰海拔 540 米，是桃花島最高峰，更是舟山群島的第一高峰。這安期峰以石、洞、寺聞名。石指的是山間奇石林立，遍山的嶙峋石陣，加之幽幽溪谷，深山密林，飛瀑直下其間，蒼蒼茫茫。洞指安期煉丹洞，這是一處天然岩洞，傳說就是隱士安期生修道煉丹之所。安期峰南麓海拔 460 米的天然石洞內，還有一處聖岩寺，建於 1865 年，是舟山千島位置最高的寺院，所以又有「千島第一寺」美譽。

大佛岩也是桃花島的標誌之一，顧名思義，是一塊形如佛頭的巨大岩石。這塊岩石的奇妙之處在於，不論遠望近看，或從任何角度欣賞，其大小始終如一。登上大佛岩頂，騁目遠眺舟山群島，星羅棋佈，錯落有致，又鬱鬱葱葱。舉目千里，讓人意往神馳。

這桃花島的自然勝景，集海、山、石、岩、洞寺、花、林，還有摩崖石刻、神話傳說融於一體。清朝康熙時期

（1661—1722）定海知縣繆燧面對島上的風光，曾留下
《桃花山》一詩：「年年春風吹，不見花盈野。彭澤紀桃
源，幽趣我心焉。」他將桃花島比作陶淵明筆下的桃花
源。清朝道光時期（1820—1850）學者朱緒曾也在遊玩
舟山的途中，留下同名《桃花山》詩作：「墨痕乘醉灑桃
花，石上斑紋爛若霞，浪說武陵春色好，不曾來此泛仙
槎。」他讚美桃花島景色可與武陵相媲美。

花剌子模今何在？

《射鵰英雄傳》第三十六、三十七兩回中，筆鋒一轉，從中原又回到大漠。成吉思汗率兵西征，攻打花剌子模。郭靖也隨軍攻至都城撒馬爾罕，並在黃蓉的協助下，採用傘兵「從天而降」的計策攻破了這座固若金湯的城市。歷史上，當然沒有郭靖、黃蓉獻計，也沒有「從天而降」的攻城戰術，但成吉思汗的確率軍進行了第一次西征，滅掉了花剌子模王朝。這兩國之間有甚麼恩怨？花剌子模又是今天的哪個地方？

花剌子模位於中亞地區，最早在 11 世紀時獨立，但先後臣屬於塞爾柱帝國和西遼。1200 年，摩訶末繼位成為花剌子模的統治者。他先在西遼的幫助下，打敗了古爾王朝。隨後又反過來與喀喇汗王朝聯攻西遼。在十幾年間，花剌子模東征西討，迅速發展成一個地域遼闊的大帝國，囊括了河中地區、阿富汗大部分地區以及波斯地區（伊朗高原）一部分。

而此時的大蒙古國，正把精力放在對付南邊的西夏和金國。1215 年，摩訶末曾派出使團出使大蒙古國，成吉思汗熱情地接待了他們，並表示希望與花剌子模建立友好和

平的商貿關係。之後，成吉思汗又挑選了三位使者回訪花
剌子模，並帶着玉器、銀錠、白氈織品等貴重禮物。使
者向摩訶末轉達成吉思汗的話：「我知君勢之強，君國之
大。我知君統治大地之一廣土，我深願與君修好。我之視
君，猶愛子也。君當知我已征服中國，服屬此國北方之諸
突厥民族。君應知我國戰士如蟻之眾，財富如銀礦之豐，
實無須覬覦他人領土。所冀彼此臣民之間，得以互市，則
為利想正同也。」[7] 成吉思汗將兩國關係視作父子的表述，
讓摩訶末感到不悅，但在使者的安撫下，暫且不去計較，
並同意通商。

但此後再發生的一次衝突，則成為兩國戰事的導火線。
1218 年，蒙古根據兩國的通商協議，派出 450 人組成的
商隊，西行前往花剌子模。途中行至訛答剌（今哈薩克斯
坦奇姆肯特），花剌子模守將亦納勒尤見財起意，稱商隊
為間諜，上報摩訶末後，將商隊全部扣押並處死，僅一人
僥倖逃回，報告了成吉思汗。

成吉思汗勃然大怒，斷食三日夜。但此時蒙古若要進兵花
剌子模，必須先除去西遼。於是成吉思汗仍然派出一個三

7.　〔瑞典〕多桑著，馮承鈞譯《多桑蒙古史（上）》（北京：中華書局，
　　　1962），頁 92。

人使團，希望花刺子模交出兇手，和平解決爭端。但亦納勒術是摩訶末母族的親屬，摩訶末不肯交人，索性殺了前來的正使，並且燒掉兩位副使的鬍子。金庸把這件事也寫入了《射鵰英雄傳》：「成吉思汗捶胸叫道：『你們瞧，這是我派到花刺子模去的使者的衛兵，那狗王摩訶末把我忠心的僕人怎麼了？』諸將順着大汗的手指瞧去，只見幾名蒙古人個個面目青腫，鬍子被燒得精光。鬍子是蒙古武士的尊嚴，只要被人一碰都是莫大侮辱，何況燒光？諸將見到，都大聲怒叫起來。」

在這種情勢下，位於東亞與中亞的這兩個大國之間的矛盾已不可調和。這一年，蒙古終於攻滅西遼，領土與花刺子模接壤。次年，成吉思汗便親率大軍西征。《射鵰英雄傳》

《史集》載錄的蒙古騎兵圖繪，取自小田勝衛編纂《東洋文化史大系：宋元時代》（東京：誠文堂新光社，1938）。

這樣描述蒙古西征：「號角齊鳴，鼓聲雷動，先鋒前軍三萬，士壯馬騰，浩浩蕩蕩地向西進發。大軍漸行漸遠，入花剌子模境後，一路勢如破竹。摩訶末兵力雖眾，卻遠不是蒙古軍的敵手。」

花剌子模的確在蒙古的強大兵力下望風披靡，當然，其中成吉思汗也制定了巧妙的軍事策略。他並不急於攻打都城撒馬爾罕，而是兵分四路：由次子察合台、三子窩闊台率領一支軍隊攻打訛答剌城；由朮赤率領一支軍隊攻打錫爾河下游的氈的城；由阿剌黑、速格禿、脫海率領一支軍隊攻打錫爾河上游的別納客忒和忽氈城；成吉思汗和幼子托雷則率主力奇襲不花剌城。蒙古軍從多點共同攻擊，最後再兵合一處，兵臨撒馬爾罕，也斷去了各城相援的可能。此外，這次西征蒙古軍還大量運用了弩機、投石砲、火藥、石油及各種搭橋築路和攻城技術，這在世界戰爭史上也是濃墨重彩的一筆。

成吉思汗的大軍抵達撒馬爾罕時，摩訶末馬上倉皇出逃。成吉思汗一面派兵追擊，一面圍攻撒馬爾罕。撒馬爾罕的圍城戰並沒有《射鵰英雄傳》中描寫得那麼艱難，守軍只組織了一次有規模的抵抗，但成吉思汗早有準備。僅僅數日的圍困，守軍就開城投降。蒙古軍進行了劫掠，毀壞了城牆、城

堡、內城及大量建築。至於摩訶末，他先後逃往巴爾赫和呼羅珊的內沙布爾，最後逃入黑海，死在一個荒島上。

撒馬爾罕城破後，又得以迅速重建並有效治理，其後又作為帖木爾帝國（1370—1507）的首都，發展成為中亞地區繁榮、宏偉的樞紐城市，至今仍保留了眾多歷史古蹟。而花剌子模在 1231 年（摩訶末之子札蘭丁被殺死）被蒙古帝國滅亡，原本所佔有的土地被不同的汗國瓜分，其最主要的部分現今成為烏茲別克斯坦、哈薩克斯坦和土庫曼斯坦的一部分。

成吉思汗的足跡

成吉思汗（鐵木真）是《射鵰英雄傳》當中另一個貫穿全書的人物。郭靖自小受成吉思汗看重，他的成長也可以說是以蒙古國的崛起為背景，甚至小說末尾還以他們兩人一番深沉熱烈的關於「甚麼是英雄」的大討論作結。

成吉思汗是世界歷史上赫赫有名的真實人物，他一生東征西討，金庸也把他的事蹟散落在書中不同回數。

第 6 回寫道：「數日之後，鐵木真在斡難河源大會各族部眾 …… 在大會之中，眾人推舉鐵木真為全蒙古的大汗，稱為『成吉思汗』，那是與大海一般廣闊強大的意思。」第 16 回提及「原來成吉思汗攻打金國獲勝」。第 25 回也提到「此時成吉思汗正督師伐金，與金兵在長城內外連日交兵鏖戰」。第 36 至 38 回，則是成吉思汗西征攻打花剌子模。西征一結束，「成吉思汗又興南征之念，這一日大集諸將，計議伐金」。至最後第 40 回，「原來成吉思汗於滅了西夏後得病，近來病勢日重，自知不起，召拖雷急速班師回去相見。…… 當晚成吉思汗崩於金帳之中，臨死之際，口裏喃喃念着：『英雄，英雄……』想是心中一直琢磨着郭靖的那番言語」。

鐵木真被尊為「成吉思汗」後，隨即賜郭靖為「金刀駙馬」，並派他去中原刺殺完顏洪烈。郭靖由此得以踏入中原，經過一番遊歷，武功精益，心智成熟。而到他再回到蒙古，助成吉思汗西征，直至最後成吉思汗去世，前後不過五年。但在實際的歷史上，成吉思汗統一蒙古至逝世，中間還有 20 多年的人生歲月，金庸為了小說情節的推動發展，至少讓成吉思汗「減壽」了十數年。

當然，這是小說不是歷史，無可厚非。而成吉思汗一生的征戰足跡和赫赫戰功也比小說中提及的更加廣闊和輝煌。

鐵木真於 1162 年出生在漠北草原，27 歲時被推舉為蒙古乞顏部的可汗。1206 年，鐵木真統一了蒙古各部落，建立大蒙古國，諸王和群臣上尊號「成吉思汗」。在此之前，他基本都生活在蒙古。

蒙古建國後，成吉思汗開始對外發動征伐。此前在 1205 年，他已經首次入侵西夏，劫掠了一些邊疆城鎮。1207 年及 1209 年又兩次入侵西夏，迫使西夏臣服。夏襄宗求和，給予蒙古大量賠款，並保證支持蒙古，一同攻擊金國。

蒙古人的生活環境，取自小田勝衛編纂：《東洋文化史大系：宋元時代》（東京：誠文堂新光社，1938）。

1211 年，成吉思汗隨即親率大軍進攻金國，在野狐嶺（今河北張家口市萬全區）會戰擊敗金軍精銳。蒙古軍突入居庸關，直逼金中都（今北京）城下，攻城不果後，劫掠一番而去。次年和第三年，蒙古軍又第二次圍攻金中都，分兵三路攻掠兩河、山東、遼西。金宣宗被迫遣使向蒙古求和納貢，成吉思汗從中都撤兵。因畏懼蒙古對中都的威脅，金宣宗離開中都，遷都汴京。成吉思汗得知後，下令復圍中都，並於1215 年佔領中都，金國在黃河以北之地盡數失守。成吉思汗自知一時難以滅金，於是在佔領中都後，返回蒙古草原。1217 年，他封大將木華黎為太師、國王，繼續統帥對金戰

事。木華黎一改擄掠和奪地不守的策略,在佔領地建立政權,為日後滅金創造了條件,此乃後話。

當蒙古與金的戰事處於拉鋸階段之際,中亞的花剌子模惹怒了蒙古,成吉思汗轉而籌劃西征。1218 年,成吉思汗派大將哲別率鐵騎兩萬滅西遼,平定西域,西征路上的障礙被掃除。1219 年,成吉思汗親率蒙古主力向西侵略,一路攻城略地。次年,花剌子模統治者摩訶末逃至今天裏海的一個小島上病死。蒙古軍先後取得河中地區和呼羅珊等地,消滅了花剌子模王國。摩訶末的兒子札蘭丁仍繼續逃亡,至 1231 年才被殺死。

黑水城遺址。取自小田勝衛編纂:《東洋文化史大系:宋元時代》(東京:誠文堂新光社,1938)。

在這個過程中,成吉思汗命令速不台和哲別率兵追擊摩訶末,摩訶末逃入裏海後,他們繼續向西進發,越過裏海、黑海間的高加索,向欽察草原擴張。1223 年蒙古軍擊敗基輔羅斯各公國大公與欽察人的聯軍,又攻入克里米亞半島。速不台和哲別由此東返,途中又攻入今天伏爾加河中

游的不里阿耳部，最後與成吉思汗會師。在這一路軍西征的同時，成吉思汗的軍隊則向南追擊札蘭丁，直至印度河流域，將札蘭丁趕至印度，其後追尋不果，惟有班師。

成吉思汗西征回來後，於 1226 年堅持最後一次親征西夏。原因是蒙古西征花剌子模時，西夏拒絕征調協助，而且還與金國重新修好。成吉思汗於是決心在滅金之前先滅掉西夏。蒙古軍攻取了西夏的黑水城（今內蒙古額濟納旗東南）、甘州（今甘肅張掖）、肅州（今甘肅酒泉）、涼州（今甘肅武威）、靈州（今寧夏吳忠），最終包圍了都城中興府（今寧夏銀川）。

1227 年，在蒙古軍圍困中興府時，成吉思汗病逝於今寧夏南部的六盤山，享年 65 歲。成吉思汗傳位於三子窩闊台，向兒子們交代了滅金計劃：假道宋境，聯宋滅金。後來，窩闊台和拖雷也正是採用這個戰略滅掉了金國。成吉思汗去世後，蒙古軍秘不發喪，西夏末帝開城投降，拖雷遵照成吉思汗遺命將末帝殺死，西夏滅亡。

成吉思汗在位時期，蒙古帝國征服了東亞、中亞大片地區，東西橫跨約 6000 公里，歐亞大陸上四處颳起了蒙古騎兵的旋風，世界歷史為之一變。

第三章
情之為物，本是如此

華山何以論劍？

從《射鵰英雄傳》到《神鵰俠侶》，「華山論劍」是小說中最頂級的武林盛會，甚至被讀者引申至各個領域，成為各類高手過招或高峰盛會的代名詞。

在《射鵰英雄傳》中，曾提到和描寫了頭兩次「華山論劍」。首次「華山論劍」中，「東邪」黃藥師、「西毒」歐陽鋒、「南帝」段智興、「北丐」洪七公、「中神通」王重陽五人，在華山頂上鬥了七天七夜，爭奪《九陰真經》。最終王重陽擊敗四人獲勝，五人統稱「五絕」。第二次「華山論劍」時，王重陽已逝，郭靖為後起之秀，黃蓉提議，郭靖能接黃藥師、洪七公 300 招不敗，則為天下第一。此時歐陽鋒突然出現，接連打敗郭靖、黃藥師及洪七公三人，被默認為天下第一，但又馬上被伶牙俐齒的黃蓉説瘋了。「南帝」段智興因為出家，改法號「一燈」，早已看破名利，沒有參與。

第三次華山論劍出現在《神鵰俠侶》當中，但整個過程輕描淡寫。楊過等人擊退蒙古大軍後，在華山上重新談論天下的「五絕」。大家感歎五絕中僅餘黃藥師和一燈大師尚在人世，人才凋零，於是重訂「五絕」，是為：「東邪」黃藥師、「西狂」楊過、「南僧」一燈、「北俠」郭靖、「中頑童」周伯通。此次並未真正的比武，只是限於口頭上的「論」劍。

「論劍」並不是真的以劍為兵器交鋒，黃藥師手持玉簫，洪七公握有「打狗棒」，歐陽鋒則有「蛇杖」，郭靖更是不需任何兵器，單憑一身「降龍十八掌」、《九陰真經》、「空明拳」、「左右互搏」等功夫，所以「劍」只是指代各種武功相鬥和較量。為何要選擇華山作為「論劍」的場地呢？

比武之地，可以有海島、海濱、高山、高台等各類選擇。但中國文化對「山」這個意象頗為青睞。古人觀望高山時，常常頓感意氣勃發，豪邁雄壯。山能表現出一種強者的氣魄，傳遞出一種高昂的意志。站在山下仰望，能感到「高山仰止，景行行止」；站在山巔俯視，則發出「會當凌絕頂，一覽眾山小」的感歎。所以在山上「論劍」，更契合一種武林強者的姿態，有睥睨天下、獨尊江湖的氣概。

華山西峰

中國的名山，以五嶽（東嶽泰山、西嶽華山、中嶽嵩山、
北嶽恒山、南嶽衡山）、黃山、峨眉山、廬山最為有名。
泰山多與皇室有關，是天子封禪之地，武林爭霸當然無意
與皇帝相交集。黃山與廬山則是旅遊勝地，一向不在武俠
小說的涉獵範圍內。考慮到比武的各方，「東邪」黃藥師
居於東海桃花島，「西毒」歐陽鋒在西域白駝山，「南帝」
段智興居於雲南大理國，「北丐」洪七公多在北境，「中
神通」王重陽居於終南山，從地理位置上看，華山的位置
相對居中，最方便各路英豪。華山上共有五峰，即東峰朝
陽，西峰蓮花，中峰玉女，南峰落雁，北峰雲台，應該也
是五絕的實地來源。

華山向來還有「天下第一險」的稱號。華山之巔，巍峨險
峻，有千丈絕壁，要登上最高的北峰更頗為不易，道路蜿
蜒如一條盤山的巨龍，所以有「自古華山一條道」的說
法。華山的主要景點玉女峰、華山口、千尺幢、百尺峽、
老君犁溝、蒼龍嶺等，大多都在懸崖峭壁之上。在這裏比
武，能到達山頂就已然不是等閒之輩，奇險的山巔之上更
加考驗武林高手高超的武功、過人的膽識和強大的心理，
畢竟稍有不慎，就會跌入峭壁溝壑、萬丈深淵，一命嗚
呼。他們能在華山上過上幾百招，擊敗各路高手，更顯得
功夫精妙絕倫，在江湖上的名聲更為人所看重。

作為五嶽中最高的一座山，從遠處看，華山就像一把巨大
的寶劍插入雲間。其東、南、西三峰就像用刀削就一般，
唐朝詩人張喬《華山》一詩就描繪道：「誰將倚天劍，削
出倚天峰。」他寫出華山直上雲霄的氣勢。劍在各路兵器
中，以飄逸靈動、瀟灑自如著稱，金庸在此安排武林英豪
「論劍」，與華山的「劍」形相暗合，有「人劍合一」的
武學思維，也凸顯出豪邁瀟灑的武俠風骨。

華山還有其獨特的文化內涵，最著名的就是道教陳摶老祖
與宋太祖賭贏華山的故事。傳說宋太祖在未發跡時，一次
途徑華山，遇到在此隱居修道的陳摶，兩人下了三盤棋。

華山圖，取自明人王昕、王學思編集的《三才圖會》。

宋太祖身無分文，竟拿華山作為賭注，甚至還立下字據。結果連輸三盤，陳摶高興地叩謝：「華山屬我道家了，謝主龍恩！」宋太祖尚不明所以，陳摶鄭重地對他說：「壯士身為九五之尊，日後便知。」宋太祖又聽從陳摶指點，下山投奔後周世宗，才得以建立後來的宋朝。所以華山在《射鵰英雄傳》、《神鵰俠侶》的時代背景南宋，有其特殊的地位。再加上陳摶素有濟世救民之心，曾勸說後周世宗應當以致力治國為念，還建議宋太宗「遠招賢士，近去佞臣，輕賦萬民，重賞三軍」。這與金庸小說中提倡的「俠之大者，為國為民」，都相當貼合。

為何郭靖要死守襄陽城？

《神鵰俠侶》裏，大俠郭靖一家的命運與一個城市緊緊聯繫在了一起，這就是位於今湖北的襄陽城。當時蒙古大軍壓境，郭靖與黃蓉誓死守衛襄陽這處兵家要塞。他們的大女兒在此出生，故取名郭襄，「好使她日後記得，自己是生於這兵荒馬亂的圍城之中」。小兒子取名郭破虜，更可見他們殺敵報國、矢志不渝的決心。書中結尾，斷臂的楊過也曾在襄陽幫助守軍射殺蒙古大汗，隨後隱退江湖，並使得襄陽城獲得十數年的安寧。最終，襄陽城仍然為元軍所破，郭靖、黃蓉、郭破虜皆以死殉國。

在歷史上，襄陽城確實是一處貫通南北的咽喉要道，自春秋戰國時期開始就是兵家必爭之地。

在古代群雄割據，南北對峙的時代（如南北朝時期、宋金時期），除了政治和軍事因素外，地理也是限制南北政權擴張的重要條件。南方地區與北方地區之間有這樣一條著名的地理分界線，也是軍事分界線，就是秦嶺—淮河一線。

在這條線的南北兩側，氣候、環境、人文都有着巨大差

異。其中秦嶺西起甘肅臨洮，東到河南西部，是陝西關中地區與陝南、巴蜀地區的分界線，長 1,600 公里，海拔 2,000 至 3,000 米，這也意味着要來往秦嶺南北兩側，需要翻越崇山峻嶺。淮河發源於河南省西南部，向東流經安徽、江蘇等地，長約 1,100 公里。由於古代黃河、長江地區都是政權的經濟、政治中心，所以位於黃河、長江之間的淮河就成為自然延伸出去的邊界線。對於南方政權來說，利用綿延的長江進行防守更加不易，所以必定要將防線北擴，因此常言道「守江必守淮」。秦嶺與淮河相連，就成為自然的邊境分割線。

襄陽古城牆

但在秦嶺、淮河相接的地方，留有一個小的闕口，就是南陽盆地。

南陽盆地就好像是連接東西兩道屏障的旋轉門，北通中原，南及江漢，西北可達關中，西南去往漢中，戰略地位不言而喻。襄陽城就是南陽盆地的南翼重鎮，北方軍隊一旦突破襄陽城，就能沿漢江直達長江，再順流而下，江南地區即刻瓦解，讓淮河防線毫無用武之地。所以說「無襄則無淮」。襄陽城關乎着整個南方政權的安危與存亡。

小說情節和人物大多是虛構的，但從宋元戰爭一開始，就圍繞襄陽進行了曠日持久的拉鋸戰，最終也決定了整個戰局成敗。

1235 年，蒙古大汗窩闊台，集合了數十萬大軍，兵分兩路攻宋。一路由皇子闊出率軍攻荊襄地區，一路由皇子闊端率軍攻四川。襄陽次年即陷落。但其後蒙古難以繼續南下，宋軍趁機收復失地，重奪襄陽城。宋將孟珙在襄陽城加固城防，大規模屯田，訓練軍隊。孟珙建起襄陽和樊城兩座城池，分別位於漢水南北兩側，遙望相對，以鐵索浮橋連接，形成了一道緊固的屏障。襄陽城還擁有一條寬180 米的護城河，河外還有一道寬約十米的壕溝。加上襄

陽城和樊城有大量食物儲備和足夠兵力，成為一座固若金湯的要塞。

1267 年，忽必烈已成為蒙古大汗，並再次決定攻宋。當時蒙古與南宋相持在兩淮（淮東淮西）、襄漢以至川中一線上。兩淮多水網，且南宋屯有重兵，川蜀地區宋人又憑借山城頑強固守，元將劉整就向忽必烈獻計取襄陽城以攻宋，得到採納。

蒙古軍也深知襄樊二城城堅池深，倉儲豐厚，易守難攻，他們沒有直接發動進攻，而是在襄樊四周建起用來監視敵情的墩台和多個城堡，以綿長的高牆相連，對襄樊二城形成全面封鎖和包圍。元軍還在漢水的江中搭起了堡台，連起橫江鐵索，意圖在水面上也起到封鎖作用，同時積極訓練水軍。襄陽城守將呂文煥告急，派宋軍多次向外突擊均遭失敗，多路援軍也試圖從外增援襄樊二城，屢次被元軍打退，難以改變被困局面。

1272 年，張順、張貴率領民兵逆漢水而上，衝破元軍重圍，此次援軍所送物資為歷來最多，令宋軍士氣大振。但隨後，張貴率軍再往外突圍，則遭元軍圍堵，力戰被俘，至死不屈。襄陽城最後的突圍希望破滅。

1273 年正月，元軍分五路對樊城發起總攻。一面派士兵
潛入水中，破壞襄樊二城之間浮橋，切斷兩城聯繫，又從
五個方向進行強攻。最重要的是，元軍首次使用了威力巨
大的投石機 —— 回回砲。巨大的石彈從天而降，逐一擊
破城牆、城樓、房舍，讓守軍根本無法抵擋。元軍由此破
城而入，在樊城大開殺戒。襄陽城唇亡齒寒，元軍一方面
喊話招降，一方面以回回砲繼續猛攻襄陽城牆。最終，呂
文煥在要求元軍保證不屠城的條件下，開城投降。

此次襄陽城之戰堅持了六年，以元軍獲勝告終。元軍得
以長驅直下，越過長江。1276 年臨安府失陷，南宋大勢
已去。

襄陽城的軍事戰略意義，在襄陽城之戰及整個宋元戰爭
中，顯示得淋漓盡致，這也是小說中郭靖以全家性命力守
此城的原因。

風陵渡口不只有兒女情長

風陵渡或許是郭襄一生最難忘的地方之一，正所謂「風陵渡口初相遇，一見楊過誤終身。只恨我生君已老，斷腸崖前憶故人」。16歲的郭襄路過風陵渡，第一次遇見了「神鵰大俠」楊過，從此芳心暗許，念念不忘，銘刻一生。及至楊過攜小龍女浪跡天涯後，郭襄仍然闖遍江湖，苦苦追尋。後來她尋訪不成，看破紅塵，創立峨眉派。郭襄的傳世弟子，也就是峨眉派第二代掌門，名為風陵師太，可見郭襄對於風陵渡的執念。

小說對於風陵渡還描寫道：「時值三月殘春，黃河北岸的風陵渡渡頭擾攘一片，驢鳴馬嘶，夾着人聲車聲，這幾日天候乍暖乍寒，黃河先曾解了凍，但這日北風一刮，天時驟寒，忽然下雪，河水重又凝冰。冰雖不厚，但水面不能渡船，冰上又不能行車，許多要渡河南下的客人都給阻在風陵渡口，沒法啟程。風陵渡頭雖有幾家客店，但南下行旅源源不絕，不到半天，早住得滿了，後來的客商已無處可以住宿。」

風陵渡的名字那麼有詩意，是否真的有這個地方？這渡口又有何來源？

風陵渡不僅是一個真實的地名，而且歷史還頗為悠久。

它位於今山西芮城市西南端黃河河畔。從地圖上看，黃河
從青海巴顏喀拉山脈北麓出發，從上游進入中游，順勢北
上，拐了一個大彎，形成了一個大大的「几」字狀。其中
自河套平原自北向南而來，遇到秦嶺山脈的阻擋，又向東
形成一個接近 90 度的大轉向，從此一路奔流入海。風陵
渡，就位於黃河「几」字形向東轉彎的拐角處。這裏還是
黃河與渭河的交匯的地方，渭河一路東來，給黃河每年帶
來五點八億噸泥沙，交匯處泥沙沉積，河道被抬起，河道
落差減少，水情平穩，形成了這塊優質的土地。

更巧的是，山西省西部以黃河與陝西省分界，南部又以中
條山和黃河與河南省為界，所以風陵渡正好位於山西、陝
西、河南三省的交界點。金人趙子貞《題風陵渡》頭四句
就寫道：「一水分南北，中原氣自全。雲山連晉壤，煙樹
入秦川。」他講的就是風陵渡處在這三省交通相接的特殊
地理位置。

風陵渡這個名字來源於一個很古老的傳說。據說黃帝和蚩
尤在涿鹿之野（今河北涿鹿縣）展開長期爭戰。黃帝手下
有一位叫風后的大臣創造出八陣圖，以此指揮軍隊對抗蚩

尤。後來，蚩尤施法興起大霧，令黃帝的將士們迷失了方向，無法作戰。風后精通星象，他望見北斗七星，以此為靈感，造出了能辨別方位的指南車，幫助黃帝擊敗蚩尤。但風后也死於這場戰事，黃帝為了紀念他，在此建了風后陵。風陵渡因而得名。

由於風陵渡位處河東、河南、關中咽喉要道，被稱為關中東大門的潼關又正好在黃河南岸遙望相對，所以這裏成為了黃河上最重要和最著名的渡口之一。

647 年，晉國發生大旱，無奈向秦國借糧。晉惠公本是由

潼關古城遺址，對岸就是風陵渡。

秦國扶助上位，但後來背信棄義，使得秦晉兩國關係惡化。秦國在此情況下，仍然徵發秦粟萬斛，以船隻運送，出渭河，經風陵渡，再沿汾河溯流而上，直抵晉國都城。史稱「秦粟輸晉，泛舟之役」。

漢高祖在黃河、渭河交匯處，也就是潼關、風陵渡設管理機構「船司空衙門」，專門管理黃河、渭河的航運。唐朝武則天設立風陵關，又稱風陵津，漕運異常繁忙，渡口的來往船隻連綿不斷，大有《神鵰俠侶》描寫的那般熱鬧擾攘。明朝也在此設置風陵渡巡檢司船政，隸屬潼關衛，負責統管兩岸渡口，稽查船隻徵收稅金。1994年，風陵渡黃河公路大橋橫架南北，正式通車，風陵渡老渡口結束了用船擺渡的歷史。

潼關地勢險峻，素有「第一關」的威名，與其隔河相對的風陵渡也一同被視作兵家必爭之地。漢唐定都長安，風陵渡與潼關同為京城門戶。歷代數次大戰，不少古戰場都位於潼關、風陵渡一帶。

公元前615年，秦康公統率大軍從風陵渡渡河進攻晉國，晉國上卿趙盾率軍迎敵，這就是秦晉河曲之戰，河曲即指風陵渡所在的黃河彎曲之處。東漢末年，曹操與馬超、韓

遂在潼關交戰,曹操打敗敵軍,一舉乘勝追擊,平定關中地區。南北朝時期,北周宇文泰在潼關與北齊高歡交戰,宇文泰審時度勢,搶先攻擊高歡的驍將竇泰,竇泰倉皇應戰,自風陵渡南渡迎擊,結果被擊潰,宇文泰集中兵力出其不意,一舉獲勝。

風陵渡口背後的滄桑歷史,遠比小說中郭襄和楊過的那次銘記終生的見面更加厚重。

終南山與全真、古墓二派有何淵源？

在《神鵰俠侶》中，楊過被郭靖送往終南山全真派門下，
拜趙志敬為師。趙志敬只傳楊過口訣心法，沒有傳授任何
全真派武功，而且和鹿清篤一起欺辱楊過，楊過危急之下
以蛤蟆功反擊並逃走。途中他幸得長居終南山古墓的孫婆
婆所救。孫婆婆送楊過回全真教時，被郝大通誤傷，臨終
前將楊過託付給古墓派的小龍女，收其為徒。自此，楊過
得以跟小龍女回到古墓中生活。

全真教和古墓派是否真實存在？它們真的落腳於終南山？

終南山位於今陝西境內的秦嶺山脈中段，西安以南 25 公
里，又稱中南山、太乙山，簡稱南山。西起西安藍田縣，
東至西安周至縣，長約 230 里，主峰海拔 2,604 米。終南
山山脈起伏，綿延不絕，而且道路崎嶇，所以《左傳》稱
其據「九州之險」。

宋人所撰的《長安縣志》說道：「昔人言山之大者，太行
而外，莫如終南。」可見終南山在古人心中的地位頗為崇
高。《詩經》也中有這樣一首吟詠終南山的詩歌 ——《秦
風·終南》：

> 終南何有？有條有梅。君子至止，錦衣狐裘。顏如渥丹，其
> 君也哉！
> 終南何有？有紀有堂。君子至止，黻衣繡裳。佩玉將將，壽
> 考不亡！

這是一首讚美和勸誡秦君的詩，以秦國境內的終南山和山上豐富的物產起興，引發「君子」來到此地。這位君子所穿着的華美禮服和名貴配飾，暗示他身份尊貴，果然在首章末揭示了其君王的身份。全詩最後一句「壽考不亡」，既祝他萬壽無疆，也勸他修德愛民，像終南山一般受人尊

終南山上的老子像

敬。秦人以終南山和秦君相比，足見當時人們對終南山的
敬仰。

終南山是道教的發祥地之一。相傳周靈王時的函谷關令尹
喜，在終南山中結草為樓，每日登草樓觀星氣，一日忽見
紫氣東來，預感有聖人將臨，果然迎來老子為尹喜授經。
終南山以西至今仍有樓觀台這一地名，傳說就是老子講經
處。道教產生後，尊老子為道祖，尹喜為文始真人，終南
山自然就成了道教聖地。

此後，終南山又吸引了許多隱士來此隱居修道。魏晉南北
朝時，政局動盪，不少士人為躲避戰亂都在此修道，逐漸
形成道教中的樓觀道派。唐朝對樓觀道派格外扶持，賜給
田產並幫助修建道觀。唐朝時，又有鍾離權、呂洞賓等人
居於終南山修道。他們以內丹學說為基礎，形成了道教內
的鍾呂金丹派。

金國時，王重陽在終南山創立了全真教，成為道教的重要
派別之一。王重陽在 46 歲前曾任負責徵收稅收的小吏，
因時局動盪，鬱鬱不得志，於是棄家修道。他在外遊歷，
後來落腳終南山，在終南山南時村挖洞築墓，居住了兩
年多，自稱「活死人墓」。後來他離開陝西，前往山東傳

終南山在西安府城南出城行三十里經樊川滻水其喷
豐食邑於此在唐為常安縣南業又名帝岡巒迴繞松
竹森映而水田蔬圃連絡乎其間秦中一勝地也岡之上
墾牛頭寺寺舊有唐貞元中徐士龍撰徧照禪師碑今不
存所存者仙人丘長春寺刻離牛頭南行四十里至南終
山入曹光寺在山之麓道盆峻險盤蹮石目縣崖屈曲而
上西有日月巖下刻石篆書青松泉二大字又上至抱子巖
紅玉泉洞又有八仙洞在山之西壁限以流泉非跣足不
得入又上有石巖若老嫗憑嚴而休左有圓石明可鑒物
謂之石鏡其上則敚源池也池一名太一湫其上環以群
山雄偉秀特勢遍霄漢水廣可數丈深丈許鍚鱗浮游人
莫敢觸鱗之大有三二尺者自昔禱雨威在於是其南即
太一殿左有三官雷神二洞所謂金華洞者在山之最
高處洞有積水然不能至也又徒別道至興教寺內有三
塔其中塔特高大為唐三藏法師玄裝瘞身之所左為慈
恩基公塔右則大周圓測法師塔俱有銘寺之北舊有玉
峯軒宋元豐四年知永興軍呂大防建今麼惟長安今陳
巹記石僅存

三才圖會　地理八卷　世五

終南山圖，取自明人王昕、王學思編集的《三才圖會》。

馬鈺形象，取自明人王昕、王思義編集的《三才圖會》。

道，先後收馬鈺、譚處端、劉處玄、丘處機、王處一、郝
大通、孫不二為徒，這就是金庸筆下「全真七子」的歷史
原型。王重陽強調識心見性，除情去慾，全其本真，所以
他將自己的派別命名為「全真道」，終南山也就成為了全
真派的祖庭。

王重陽死後，劉處玄、丘處機先後掌教，進一步發展全真
教。丘處機曾應成吉思汗之邀，以 74 歲高齡遠赴西域，
力勸成吉思汗要「敬天愛人、減少殺戮」，頗得成吉思汗
敬重。這也使全真教在元朝臻於至盛，南方的金丹派也依
附全真教，自稱南宗，將王重陽這支稱為北宗。

至於古墓派，則為金庸虛構出來的派別，但其構思來源就是王重陽所築的「活死人墓」。「活死人墓」保存至今，位於西安市鄠邑區的重陽宮內。如今仍然可見墓堆，前面有碑石，上刻「活死人墓」幾個大字。這重陽宮就是王重陽早年修道之所，在元朝時曾盛極一時，有殿堂 5,000 餘間，道士近萬名，為當時道觀之首，如今仍保存了大量道教碑石和全真道史料。

武勝關一道開南北？

在《神鵰俠侶》中，小龍女離開終南山後，楊過四處尋找。恰逢中原群雄在陸家莊召開英雄大會，楊過及小龍女都前往陸家莊，並再次相遇。他們還意外捲入了紛爭，幫助郭靖打敗金輪國師。

據小說介紹，陸家莊位於大勝關，與《射鵰英雄傳》中位於嘉興的陸家莊不同：「原來陸莊主雙名冠英，他父親陸乘風是黃蓉之父黃藥師的弟子，因此算起來他比郭靖、黃

太湖圖，取自明人王昕、王學思編集的《三才圖會》。

蓉還低着一輩。陸冠英的夫人程瑤迦是孫不二的弟子。他
夫婦倆本居太湖歸雲莊，後來莊子給歐陽鋒一把火燒成白
地，陸乘風一怒之下，叫兒子也不要再做太湖群盜的頭腦
了，攜家北上，定居在大勝關。」「那大勝關是豫鄂之間
的要隘，地佔形勢，市肆卻不繁盛，自此以北便是蒙古兵
所佔之地了。」

大勝關就是今天的武勝關。武勝關位於今湖北廣水市與河
南信陽市交界處。信陽東臨大別山，西靠桐柏山，兩山在
此交匯咬合，形成了三處雄關隘口。因信陽古稱義陽，所
以這三處關口稱為「義陽三關」，分別為武勝關、九里關
和平靖關。武勝關居中支撐，與平靖關和九里關左右相
顧，地位尤為重要。

武勝關北面是河南的大片平原，關南是湖北鄂州之地，所
以這裏也是兩省的交界處。關南關北皆是一馬平川，無險
可守，北部軍隊渡過淮水後，一定會攻克三關，然後南
下，所以包括武勝關在內的「義陽三關」成為扼控南北交
通咽喉的兵家必爭之地。

春秋時期，武勝關稱直轅、澧山，曾是楚國北部的重要關
隘。吳王闔閭在位時，任用賢明，勵精圖治，吳國國力強

大起來。而南邊的楚國雖然表面強大，但內部腐朽，外強中乾。吳軍攻滅了楚盟國徐國和鍾吾國後，於公元前506年由孫武統兵伐楚。吳軍先鋒突擊楚國，直接突破了三關（當時分別稱大隧、冥扼、直轅），逼近漢水，隨後引楚軍至柏舉（今湖北麻城，一說湖北漢川），一戰擊潰楚軍，史稱柏舉之戰。吳軍乘勝追擊，直接殺入楚國都城郢都（今湖北荊州市荊州區城北），使得楚國元氣大傷。

秦統一中國後，武勝關名為武陽關。508年，北魏三關（武陽關、平靖關、黃峴關）守將侯登舉城叛降梁朝，佔據了北魏南下攻梁的要道。次年北魏派元英統兵南征，元

合州釣魚城遺址

英至義陽後，認為「三關相須如左右手，若克一關，兩關不待攻而定。」於是用六天時間，攻破了武陽關，其他兩關隨之亦被攻破。梁魏兩國曾圍繞三關的控制權，在此反復爭奪數十年。

在戰事頻仍的南宋，義陽三關更加受各方重視。岳飛曾派大將軍牛皋鎮守過三關，抗擊金兵入侵。蒙古大汗蒙哥攻宋，命忽必烈率軍南攻鄂州（今湖北武昌）。1259 年，忽必烈率軍渡淮河，攻大勝關，宋軍憑關據守，蒙古軍久攻不克。後來因戍兵棄關南逃，蒙古軍方才越關南下，圍攻鄂州。此時因蒙哥在釣魚城之戰中身中飛石而死，忽必烈欲北歸爭奪汗位。於是南宋與蒙古結下鄂州之盟。這當中的大勝關，就是今天的武勝關。

從春秋時期以來，在此發生的有記載的戰爭就有 60 多次。如今的武勝關當然早已不復當年雄關如鐵的輝煌，歷史煙雲都埋在了處處古蹟中。

第四章
生亦何歡，死亦何苦

六大派能夠到達光明頂嗎？

在《倚天屠龍記》中，六大派圍攻光明頂可算是全書的經典場面之一。單單是集結中原武林名門名派，氣勢洶洶遠赴西域崑崙山，圍剿明教，就已經吊足了讀者胃口。而這一戰又是張無忌的成名戰，他施展九陽神功和乾坤大挪移，一一擊敗六大派中的頂尖高手，為明教化解了危機，從而獲擁戴為明教第 34 代教主。

如此震天撼地，大開大合的情節，讓人不禁產生疑問，這六大派千里迢迢遠赴光明頂的目標，真的可能實現嗎？

首先要問的是，光明頂在哪裏？

據小說描述，光明頂位於崑崙山。崑崙山脈橫貫新疆、西藏之間，西起帕米爾高原東部，向東伸延至青海境內，全長 2,500 餘公里。光明頂當然是金庸虛構的地名，我們為了便於討論，就暫定在新疆南部緊鄰崑崙山的和田市，這

裏已經是人們比較方便到達的地點。

六大派，據小說所說，就是崑崙、峨眉、武當、華山、崆峒、少林六派。我們也一一計算一下他們所需的路程。

崑崙派是距離最近的一派。顧名思義，與明教同樣位於崑崙山脈，屬於鄰居，但具體地點卻不大清楚。但當時以步行為主，就算到臨近的村子探親，也要用一天的腳程。考慮到崑崙山山路崎嶇，姑且算崑崙派要用一週的時間。

峨眉派位於四川峨眉山，與新疆和田市直線距離約 2,300

崑崙山

公里。但是這兩地中間夾着青藏高原，很難直接穿行而過。最好是從峨眉山向北行進，穿越甘肅、青海，再向西行至北疆，再往南到達和田。這條路線還有一個潛在的好處，就是可以提早和其他門派會合，一同行進。這樣繞一大圈，距離就將近達到 4,000 公里了。以練武之人 5km/h 的最理想步行速度，每日步行八小時，峨眉派需要 100 天才能到達光明頂。

武當派位於湖北武當山，與新疆和田市直線距離近 2,900 公里。從武當山出發，就要一路向西北，經過陝西、甘肅、寧夏，至北疆，再往南到達和田，步行距離約 4,100 公里。所以武當派往光明頂，就要 103 天。

華山派位於陝西華山，與新疆和田市直線距離約 2,700 公里。從華山出發，也要一路向西北，出陝西後，途徑甘肅、寧夏，至北疆，往南到達和田，步行距離約 3,800 公里，需時 95 天。

崆峒派位於甘肅平涼的崆峒山，與新疆和田市直線距離近 2,400 公里。從崆峒山出發，先向北經過寧夏，再向西北穿越甘肅至北疆，往南到達和田，步行距離約 3,400 公里，需時 85 天，已經是除崑崙派以外需時最短的了。

少林寺位於河南登封嵩山的西峰少室山，和新疆和田市的
直線距離最遠，達到近 3,000 公里。從少林寺出發，一路
向西，出河南後橫穿陝西，然後往西北穿越甘肅、寧夏，
至北疆，往南到達和田，步行距離超過 4,100 公里，也需
要 103 天。

以上的結果，都藉助了現代地圖工具，而且在無任何意外
發生的情況下，按照現代道路的便捷程度測算出來。但實
際的長途旅行，難免出現各種各樣的突發情況，更無法保
證每人每天八小時勻速前進，而且古代山路崎嶇，道阻且
長，路途必定更加艱辛，需時往往更長。

門派	起點	直線距離	理想步行需時	實際估算需時
崑崙	崑崙山脈	不詳	一週（7天）	20天至一個月
峨眉	四川峨眉山	約 2,300 公里	100 天	半年至一年
武當	湖北武當山	近 2,900 公里	103 天	半年至一年
華山	陝西華山	約 2,700 公里	95 天	半年至一年
崆峒	甘肅崆峒山	約 2,400 公里	85 天	半年
少林	河南嵩山	近 3,000 公里	103 天	半年至一年

這也意味着，六大門派約定好圍剿光明頂，只有崑崙一派

崑崙山圖，取自明人王昕、王學思編集的《三才圖會》。

最快到達戰場，而其他五派都要經過半年至一年的漫漫旅程，才能到達遠在新疆的明教總部。山遙水遠，人困馬乏，六大派到底有多少人能如約而至？這也是無法預估的

問題。

就算六大派到達了南疆，要登上崑崙山的光明頂，也絕非易事。崑崙山脈是世界上海拔最高的山脈之一，平均海拔5,500 至 6,000 米。光明頂雖是金庸虛構出來的地名，但想要登上現實中崑崙山脈的任意一座山峰，都得面臨不少挑戰。

首先就是高原地區難以避免的高原反應。六大派中大部分生活在中原地區，登上海拔較高的高原地區，極有可能出現頭痛、噁心、嘔吐等症狀，若無應急藥物傍身，恐難支撐到與明教決戰。

其次，崑崙山脈的地貌特點複雜多樣，包括高山、峽谷、沙漠、草原等各種地貌，道路多為崎嶇陡峭的山路，再加上氣候多變，若沒有周詳的路線規劃和完善的裝備，這漫漫旅程的「最後一公里」將很難翻越。

這樣看來，六大派圍剿光明頂的雄途偉業，說說則已，如真的實行起來，恐怕是千難萬險，九死一生！

峨眉派弟子全是女性？

金庸筆下的各大名門名派中，峨眉派算是很有特色的一個，全派上下由掌門至弟子都是清一色的女性。而且在《倚天屠龍記》中，掌門滅絕師太帶領一班弟子，行事毒辣陰狠更勝於男性，讀來讓人膽寒。

在金庸筆下，峨眉派最初由郭靖二女兒郭襄創立。郭襄偶識神鵰大俠楊過，從此對他一往情深。她一人獨闖江湖，只為尋找楊過，中間在少林寺習得《九陰真經》。至 40 歲時，她終於大徹大悟，看破紅塵，出家為尼，創立峨眉派。郭襄之後三代掌門：風陵師太、滅絕師太、周芷若都是女性，全派主要弟子也都是女性，男性弟子在派中地位很低。

當時少林寺覺遠大師圓寂之際，口頌《九陽真經》經文，張三丰、郭襄、無色大師皆有所得，因為三位悟性各不相同，根柢也大有差異。無色大師武功最高，郭襄所學最博，張三丰武功全無根基，反而學得最為精純。是以少林、峨嵋、武當三派，一個得其「高」，一個得其「博」，一個得其「純」。

真實武林世界裏的峨眉派真的如此嗎？

峨眉派以其所在的峨眉山命名。峨眉山位於四川中部，是中國佛教的四大名山之一，相傳是普賢菩薩的道場，山上有不少名刹。峨眉派是與少林、武當齊名的中原武術三大宗派之一，尤其在西南一帶很有影響，武術以峨眉拳為代表。

據《峨眉山志》記載，戰國時期名叫司徒玄空者，他仿峨眉山中的靈猴姿態創有「峨眉通臂拳」。因為他愛穿白衣，所以弟子尊稱其為「白猿祖師」。現在北京流傳的白

峨眉山

猿通臂拳，據說就源自於峨眉山的白猿祖師。所以峨眉武術的創始人最遠可追溯到戰國時期的司徒玄空。

但峨眉派的開創則延至宋朝。當時峨眉山已經成為佛教名山，山上佛教建築很多，居住有不少僧人。南宋建炎時期（1127 — 1130），峨眉山臨濟宗的白雲禪師創有「峨眉臨濟氣功」。據考證，白雲禪師原為道士，後來皈依佛門。他將養生、醫療、武術等熔於一爐，創立了這套峨眉臨濟氣功，集佛、道、醫、武的思想，供人強身健體。後人傳承及研習者漸多，於是成為一個大的武術流派。

《峨眉拳譜》則記載：「祖師原為一道姑，後入佛門，是為道門修煉，佛門正果。是時，師善擊技，喜研各家拳法，慮各家拳法繁雜，莫衷一是，女子禦侮，另有不同，遂探各家之拳意，另闢蹊徑，創不接手之拳法，獨樹一幟。積十三年，始臻大成，身旁弟子習之，呼之玉女拳法，同道相譽，稱曰蛾眉拳。後弟子至峨嵋山，偶諧其音，始稱峨嵋。」

這段記載與白雲禪師創峨眉派的說法版本，既有相似之處，又有所不同。相同之處在於，峨眉派師祖的確有佛門和道門的雙重背景，不同之處在於《峨眉拳譜》認為師祖

是一道姑，而非白雲禪師。她在研習各家拳法之後，自己
創立一套拳法。各弟子研習後，稱為峨眉拳，「峨眉」本
指代女子，又與峨眉山諧音，於是始稱峨嵋派。

不論峨眉派是白雲禪師還是道姑所創，峨眉派拳法的許多
招式的確具有女性的色彩，如拳法招式中有一面花、斜插
一枝梅、裙裏腿等，劍法招式中有文姬揮筆、素女揮塵、
西子洗面等，皆是女性色彩的名稱和姿勢。峨眉派還有一
種著名的兵器 —— 峨眉刺，又稱玉女簪，據說是由女子
的髮簪演變而來，簪法中也有閉月羞花、沉魚落雁等招
式。峨眉拳動靜自如，變化萬方，劍法和簪法，姿勢優美
又威力十足，這都是峨眉武術的特點。

或許就是這些原因，讓金庸大膽地想像出整個峨眉派上下
主要人物都是女性。

實際上，峨眉派不是只傳女性，而是男女皆傳，而且傳播
極為廣泛。峨眉武術有這樣一個說法：「一樹開五花，五
花八葉扶。」「一樹」指的是作為源流的峨眉武術；「五花」
指流傳的五個地區門派，即豐都的青牛派、通江的鐵佛
派、開縣的黃陵派、涪陵的點易派、灌縣的青城派；「八
葉」指峨眉武術的八個分支：僧門、岳門、趙門、杜門、

峨眉山圖，取自明人王昕、王學思編集的《三才圖會》。

洪門、化門、字門、會門，八支各有不同的創立背景，招式也有各自特點。

峨眉派傳播如此廣泛，卻仍然局限於西南地區，從《峨眉拳譜》的記載裏或許能窺探其中的緣由。書中提到，峨眉弟子需要遵循以下三項戒規：「一曰不言師，二曰不與人較技，三曰不在人前演藝，此其意自明矣。」習拳卻不以師傅相稱，習來又不與人相切磋比較，人前也不賣弄技藝，為甚麼？「不言後師，前師永存，技而晦之，自可全身。」大家共尊一師，即創派師祖。不賣弄技藝，方可保存自身。這幾項規定，既是練武，也是誨人，別有意味。

少林寺是武林正宗？

從《天龍八部》到《倚天屠龍記》，少林寺在金庸不少小說中都頗為搶眼，不光在武林拳壇中引領風騷，更在各派爭斗間主持大局。有一句話叫「天下武功出少林」，在人們的印象中，少林就是天下第一門派，也是武學的正宗。少林弟子武功高強，而且江湖上各路武學人才都或多或少與少林功夫沾一點邊。

我們不禁要問，少林寺真的是武林正宗嗎？少林寺是如何取得這樣的地位？

少林寺始建於 495 年，北魏孝文帝為了安頓來中國傳播佛教的印度僧人跋陀，於是興建寺廟。寺廟選址在河南嵩山腹地少室山的茂密山林中，所以得名少林寺。跋陀也成為了少林寺的首任住持，在此廣收弟子。

嵩山自古就被認為是聖人、神靈相聚的洞天福地，共有72 峰，其主要山脈是太室山和少室山，各佔據 36 峰。最高處連天峰位於少室山，海拔 1,512 米，主峰峻極峰則位於太室山。少林寺就位於太室山與少室山相接的山口中間，坐北向南，面對猶如巨屏聳立的少室山陰，背依柏木

少室山

叢生的五乳奇峰，盡覽二室之勝。當年跋陀性喜幽靜，常常在嵩山遊歷，得孝文帝詔令尋找修煉禪法之處時，正好看見少室山陰靜謐宜人，適合靜心修禪，於是選中這個所在。

527年，印度禪僧菩提達摩來到少林寺。他在此傳授佛教禪宗，成為中國禪宗的開創者，被尊為達摩祖師。達摩祖師在金庸小說中也出現多次，小說中他一葦渡江開創少林一派，撰寫《易筋經》和《洗髓經》兩大武功秘籍，又創立「少林七十二絕技」，是最頂尖的武林高手之一。但歷

史上的達摩祖師並不會武功，而是倡導一套「壁觀」的方法，靜坐修心，參禪悟道。達摩傳法於慧可，禪學由此在少林落跡流傳。禪宗對中國佛教乃至中國文化都產生了深遠影響，少林寺也逐漸成為了禪宗祖庭，地位大大提升。至今在少林寺仍保存多處與達摩有關的遺蹟，如立雪亭（相傳慧可在此向達摩斷臂求法）、初祖庵、達摩洞、面壁石、「一葦渡江」石像等。

而說到少林武學的興盛，則是到了隋末唐初群雄並起的時期。當時，王世充佔據洛陽稱帝，王世充之侄王仁則趁機霸佔少林寺西北五十里的柏谷塢，建起轅州城。後來，秦王李世民與王世充交戰，意欲奪取轅州城，少林寺就派以曇宗、志操、惠揚等為首的 13 位寺僧相助，活捉王仁則交予唐軍。因助唐有功，李世民稱讚少林寺「深悟機變，早識妙因」[1]，封 13 僧以勳位，其中曇宗被封為「大將軍僧」，又賜少林寺田產 40 頃、水碾一具。

自此，少林寺名揚天下，少林武藝也漸漸為人追捧，少林武僧更受到唐朝的資助和供養，眾僧習武蔚然成風，成為少林寺世代沿襲的傳統。

---

1. 〈告柏谷塢少林寺上座書〉。

宋元時期（960 — 1368），少林派在武林中的地位究竟如
何？是否真如金庸小說中演繹的那樣？歷史資料很少提
及，更多的是相關的傳說。如覺遠大師，最早在民國時期
的文學作品《少林拳術秘訣》和《少林宗法》中提及。書
中說他是宋末元初的少林僧人，參考吸收各家武功拳法，
振興了少林武術。宋朝時期還有一位少林寺方丈福居大和
尚，曾邀請全國十八家武林高手會於少林寺，進行武術
交流，廣納眾家之長，最後匯集成《少林拳譜》，流傳至
今。但這些宗法、術譜多是託古之作，難以求證。

明朝是少林武術有記載的又一個燦爛輝煌的時期。據明
人鄭若曾《江南經略》所載，少林僧兵共參與六次抗倭
戰役。書中描寫：「僧兵臨戰，暗約以靛青塗面，賊見青
臉，紅布蒙頭，疑為神兵，膽已嚇落。」「僧兵驍勇，不
以首級論功。」當時正時倭寇大舉侵擾江浙地區、明朝地
方政府軍隊倉促應戰的時期，軍隊連戰連敗，於是少林僧
兵主動參戰，扭轉了頹勢。鄭若曾是當時的剿倭總指揮胡
宗憲的幕僚，其對僧兵參與抗倭的記錄應是相當可信的，
他評價：「其安中國之神氣，功豈小哉？」可見少林僧兵
在戰事中的重要性。於是朝廷多次為少林寺樹碑立坊修
殿，少林功夫在全國武術界的權威地位也得以確立。

少林武術過往以拳和棍為主，實戰威猛，剛健有力，「拳以寺名，寺以拳顯」。再加上少林寺是禪宗祖庭，於是少林功夫強調禪武合一，在習武運武中融入禪修功夫，所以又有「武術禪」之稱。

後來，少林功夫博採眾長，逐漸形成博大精深、技藝精湛的少林拳系，使得少林派成為範圍最廣、拳種最多、體系最龐大的中國武術門派（不排除有些拳種託名少林以自重）。如今的少林功夫，已開創出數百種套路，數十種拳械，七十二絕技，以及擒拿、格鬥、卸骨、點穴、氣功等功法，收藏各式各樣的武學秘籍。正是因為少林功夫巨大的影響力，使得少林派獲得了「武林正宗」的崇高地位。

冰火島在地球何處？

在金庸武俠小說中，描寫過很多隱秘的「世外桃源」：桃花島、絕情谷……但回想起我印象最深，讀來最為吃驚的，還是《倚天屠龍記》中那個神奇的小島 —— 冰火島。謝遜、張翠山和殷素素在海中漫無目的地漂流，最終到達這個遠離中原、充滿冰川與火山的的島嶼。他們在此生活數年，張無忌更是在這個島上出生並長大。

這個島嶼有沒有現實世界中的原型呢？究竟在地球的甚麼位置呢？

我們先看看謝遜三人是怎麼去到這個島嶼的。在王盤山大會上，謝遜搶得屠龍寶刀，再用獅吼功把所有人震成癡呆，張翠山和殷素素則事前得謝遜提醒，避過一劫。之後他張翠山和殷素素又被謝遜挾持，三人一同登船出海。王盤山位於浙江，船從浙江海域出發，一路向東行駛。謝遜本想到海上「找個人跡不到的荒僻小島定居下來」，避免江湖中人前來打擾，自己靜靜思索一下屠龍刀的秘密。但是船在海上遇到風暴，船桅折斷，風帆損壞，船隻不受控制，只能任其漂流。船隨着洋流一直向北，氣溫越來越冷，海上還出現浮冰和冰山，他們跳上一座冰山，繼續向

北漂流，最終上了一座島嶼。由於島上既有冰川也有火山，謝遜將其命名為「冰火島」。

這冰火島上的自然景象相當迴異稀奇。首先就是「這島上既有萬載玄冰，又有終古不滅的火窟」。常年不化的冰川，對極北之地來說是正常現象，但同時又有火山。而且火山還在不斷的噴發中，使得靠近火山的地區溫度比較高，致使周圍一片區域郁郁蔥蔥。所以呈現在眼前的，就是「高山處玄冰白雪，平野上卻極目青綠」，對於中土來的謝遜三人，印象當然最為深刻。

第二，這島上生機勃勃，物產相當豐富，不僅有花草樹木，還有各種動物。如「走出二十餘里，只見一片濃密的叢林，老樹參天，陰森森的遮天蔽日」。而且這些參天古木「木質緻密，硬如鐵石」，三人「用樹筋獸皮來編織帆布，搓結帆索」。另外，「蒼松翠柏，高大異常，更有諸般奇花異樹，皆為中土所無」。動物方面，書中提到有梅花鹿、白熊、海豹、怪魚等等，「草叢之中，偶而驚起一些叫不出名目的大鳥小獸，看來也皆無害於人」。

第三，就是出現了極光。三人尚在漂流途中，就看到「北方映出一片奇異莫可名狀的光彩，無數奇麗絕倫的光色，

在黑暗中忽伸忽縮，大片橙黃之中夾着絲絲淡紫，忽而紫色愈深愈長，紫色之中，迸射出一條條金光、藍光、綠光、紅光。」「原來他三人順水飄流，此時已近北極，這片光彩，便是北極奇特的北極光了。中國之人，當時從來無人得見。」北極光一般在北極圈附近才能看見，説明冰火島已接近北極圈。

第四，除了極光外，也出現了接近極晝現象，就是白日時間很長，黑夜時間很短。書中有多處描寫：「兩人不知地近北極，天時大變，這些地方半年中白日不盡，另外半年卻是長夜漫漫，但覺種種怪異，宛若到了世界的盡頭。」「其時白日極長而黑夜奇短，大反尋常，已無法計算日子，也不知太陽在海面中已升沉幾回。」「天候嬗變，這時日漸短而夜漸長，到後來每日只有兩個多時辰是白天，氣候也轉得極其寒冷。」這都是高緯度地區才有的特徵。

綜合以上幾點，我們可以大膽推測一下冰火島在地球的甚麼方位。

船隻到達東海後，隨着洋流向北漂流，到達冰火島。幾年後，三人從冰火島回到中土，也是看準洋流的方向一直向南漂流。根據海洋洋流分佈圖，北向的日本暖流和南向的

千島寒流恰好符合這個描述，說明冰火島應該位於這兩個洋流的流域內。

冰火島上有火山，則説明位於環太平洋火山地震帶上。所謂環太平洋火山地震帶，就是圍繞太平洋的火山和地震頻發區域，由於地球板塊間的移動和碰撞，容易發生火山和地震。據統計，全球約 90% 的地震皆發生於此。冰火島就應該位於環太平洋火山地震帶較北段的區域，所以有冰川與火山共存的景象。

再加上島上物產豐富，可見到極光和接近極晝現象，推測這裏很可能是今天俄羅斯的堪察加半島。堪察加半島接近北極圈，是觀察極光的好去處，白晝時間最長可達十七個小時以上，土地廣袤，動植物種類豐饒，非常符合冰火島的描述。

可能有人問，冰火島不是一個小島嗎？怎麼可能是堪察加半島？但書中其實並沒有指出謝遜三人勘察過冰火島的四周海域。書中寫過：「忽忽數月，有一日，夫婦倆攜手向島北漫遊，原來這島方圓極廣，延伸至北，不知盡頭。」這裏可見，冰火島面積極廣，連張翠山和殷素素都沒有走到北邊的盡頭。我們也完全可以認為冰火島是一個與大陸

相連的半島。

也有人說，冰火島可能是美國的阿留申群島，但阿留申群島並沒有參天的樹林，而且島嶼較小，很難勘察不到四周海岸線。

武當山上的太極

《倚天屠龍記》中的武當派，是當之無愧的名門正派之一。作為武當派掌門的張三丰，頗為自得的一點，就是在百歲高齡，參究了一門精奧廣博的武功 —— 太極。

在金庸筆下，張三丰原名張君寶，本是少林弟子，因被認定偷學武功，觸犯寺規，無奈離開少林。後來他在覺遠僧人臨終前學得部分《九陽真經》，以《九陽真經》和少林羅漢拳為基礎，自創武當功夫，創立了武當派。張三丰一生行俠仗義，正義凜然，為人又寬容平和，加上武學造詣已臻登峰造極的境界，所以成為了武林中泰山北斗般的人物。

他年過百歲，坐關 18 個月，創出一套太極拳和太極劍，認為其不輸於少林派武功。其後傳授給張無忌，助他抵禦了趙敏率領的一眾高手前來武當山偷襲。這太極功夫由陰陽兩儀的道理演化出來，講究以靜制動，後發制人，以柔克剛，面對剛猛功夫來襲，更加有用武之地。張無忌在情急之下，現學現賣太極拳和太極劍，連克幾位高手，成為書中一段佳話。

張三丰的確有現實中的原型，就是武當道人張三丰。據《明史・方伎傳》和相關典籍記載，張三丰名全一，字君寶，號三丰，元末至明初人。他學識淵博，才華橫溢，道行高深，因不飾邊幅，又稱「邋遢道人」。人們都覺得他如神仙一般。他年輕時曾專修儒學，做過縣令，不久辭官，師從終南山火龍真人。他來到道教聖地武當山，住在洞穴中修煉，長達九年。

武當山位於今湖北十堰，南面背靠蒼茫的神農架原始大森林，背面正對着碧波萬頃的太極湖（丹江口水庫），方

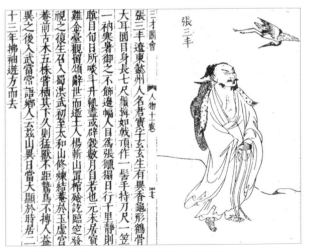

張三丰形象，取自明人王昕、王學思編集的《三才圖會》。

圓 800 里擁 72 峰，抱 36 岩，挾 24 澗，岩崖絕壁，神奇
秀美。在春秋至漢朝時期，已有方士、煉丹家在此居住的
傳說。唐朝時期，均州太守姚簡奉旨在武當山禱雨，敕建
五龍祠，成為武當山第一座皇家廟宇，也開啟了武當山古
代建築的興建歷程。宋元時期（960 — 1368），統治者極
力推崇和宣揚武當真武神，使得真武神的神格地位不斷提
高，也令武當道教的影響力越來越大，建起不少宮殿、岩
廟。及至後來的明清時期，武當山上的建築群仍續建不
斷。至今武當山已有廟宇 500 多處，廟房兩萬餘間，規模
頗為龐大，是當今世界最大的宗教建築群。

武當山

張三丰最終在武當山修煉成「內丹功」（氣功的一種）。
內丹功的行氣需要肢體動作進行導引，張三丰根據練內丹
的需要，創造了太極拳。他將道家的內丹功、養生家的導
引術、武術家的拳法、軍事家的兵法，加以糅合。因其根
據道教的太極軌跡，踏罡步斗（腳踏在天宮罡星斗宿之
上）、劃弧轉圈運行，故而取名「太極拳」。

武當太極拳屬於武當內家拳的一種，也是武當內家拳的母
拳。以後的形意、八卦，以及各種門派的太極拳，都是從
張三丰創造的這套太極拳中派生出來的。甚麼又叫做內家
拳呢？

內家拳是與外家拳相區別的拳法，兩者各有特點。

在發力方式上，外家拳是用人的本力，也就是靠局部肌肉
伸縮發力；內家拳則靠內力，即講求精氣神，靠氣脈帶動
身體整體的筋膜鼓蕩發力。

所以這也帶來練習這兩種拳法的人，形體上也有很大分
別，練外家拳的人大多肌肉發達，稜角分明，皮膚較為粗
厚，身體剛猛特；內家拳手則肌肉鬆弛柔和，皮膚較細
膩，青筋血管順暢，舉止輕靈飄逸。

武當山圖，取自明人王昕、王學思編集的《三才圖會》。

訓練方式上，外家拳偏重外功和肌肉、身體力量的訓練，比如石鎖、石擔、推山功、擔山功、徒手劈磚、鐵臂功、鐵拳功等；內家拳則更注重內功的訓練，通過試力、聽力來鍛煉力的敏感度和發力效果，由內功培養內力，自如地運用全身任一部位發力，打擊對手。由於是靠筋膜震蕩、傳導產生的穿透力和震顫力來發力，所以內家拳發力方式很難憑肉眼觀測。

在交手過程中，外家拳就講究先發制人，靠主動判斷對手

的招式意圖，搶先出手，招式直來直去，講究眼快手快腿快，不避不讓，硬打硬劈；而內家拳就講究後發制人，根據對手的招式和勁力來決定自己的招式和發力方法，通過「聽力」來判斷對手，然後調整發力來反擊。這裏的先發和後發也並不一定指出手的時間先後，只是強調外家拳注重氣勢和力度，內家拳則是借力打力，講究圓轉和柔化。

所以表現出來，外家拳以剛猛為主，勢大力沉，而內家拳則以柔為主，積柔成剛。

作為內家拳的武當太極拳，其動作有：掤（用於化解或合力發人）、捋（用於借力向後引力）、擠（對下盤的外掤勁）、按（對上盤的外掤勁，或作反關節拿法）、採（順力合住對方來力，或作拿法）、（以側掤之勁破壞對方平衡）、肘（以肘尖擊人）、靠（以肩膀前後寸勁擊人），具有以柔克剛，以靜制動，後發先至，借力發力的特點。在應用中，太極拳講求隨、連、粘、貼，力道連綿不斷，動作行雲流水。演練太極拳要求虛領頂勁、含胸拔背、沉肩墜肘，動作舒展，結合導引吐納之術，以及經絡學和陰陽學，既有技擊、攻防的涵義，也有強身健體的功效。

太極拳在傳播演變過程中，在各地出現了不同派別，著名

的如陳式太極拳、楊式太極拳、吳式太極拳、武式太極拳、孫氏太極拳、李式太極拳、趙堡太極拳等，各派別的演練套路和風格趨於多樣化，又經後人改進，各有所長。雖然各派均尊各自創派師祖為太極創始人，但從太極早期創造發展的基本依據來看，包括楊式、吳式、李式等多個派別，都源自武當張三丰。

崆峒派為甚麼要傷己傷人？

「崆峒五老」，包括關能、宗維俠、唐文亮、常敬之（第
五人未提及）均名氣大於實力，在實戰中乏善可陳，難以
同其他幾大門派相提並論。

在六大派圍攻光明頂時，崑崙、華山、崆峒三派各對上明
教的銳金、洪水、烈火三旗。「崑崙派對戰銳金旗頗佔上
風，華山派和洪水旗斗得勢均力敵，崆峒派卻越來越感不
支。」唐文亮更是被已經精疲力竭的白眉鷹王殷天正一招
「鷹爪擒拿手」弄得雙臂、雙腿折斷，在各路武林高手前
顏面盡失。

若論到崆峒派的代表功夫 —— 七傷拳，更是令人費解。
這門絕學不但在崆峒派中練成者寥寥，使出來時更是傷人
傷己，對敵殺傷力強的同時還會傷到自己。拳力每深一
層，自身傷害就多一分，重則摧肝損肺，傷及心脈。為什
麼崆峒派要創立這樣一門荒誕不經的武功？

書中最早讓人見識到七傷拳的不是崆峒派，而是金毛獅王
謝遜。他找成崑報仇心切，於是從崆峒派搶來了《七傷拳
譜》，急於練成。成崑外號「混元霹靂手」，掌含風雷，

威力驚人。謝遜想要用相似的七傷拳功跟他對敵，想讓他不加提放，待拳力及身時就抵擋不住了。書中謝遜介紹：「我這一拳之中共有七股不同勁力，或剛猛，或陰柔，或剛中有柔，或柔中有剛，或橫出，或直送，或內縮。敵人抵擋了第一股勁，抵不住第二股，抵了第二股，第三股勁力他又如何對付？嘿嘿，『七傷拳』之名便由此而來。」

但他沒料到這七傷拳有極強的副作用，越練越讓他內臟受損。謝遜感歎道：「這『七傷拳』不練也罷！每人體內，

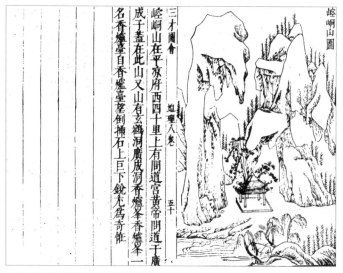

崆峒山圖，取自明人王昕、王學思編集的《三才圖會》。

均有陰陽二氣，金木水火土五行。心屬火、肺屬金、腎屬水、脾屬土、肝屬木，一練七傷，七者皆傷。這七傷拳的拳功每練一次，自身內臟便受一次損害，所謂七傷，實則是先傷己，再傷敵。我若不是在練七傷拳時傷了心脈，也不致有時狂性大發、無法抑制了。」

六大派圍攻光明頂時，「崆峒五老」之一的宗維俠也想用七傷拳對陣殷天正，卻被張無忌勸止。張無忌點出宗維俠肩頭雲門穴輕微隱痛，上臂青靈穴時時麻癢難當，腿上五里穴每逢陰雨即酸痛，這都是練習七傷拳的後果。他還警告宗維俠，說：「你越練下去，這些徵象便越厲害，再練得八九年，不免全身癱瘓。」

但七傷拳是否一味反噬自身，在武學上毫無用處呢？並不是。七傷拳「傷人傷己」，問題不在拳術本身，而在修練之人。

宗維俠也和張無忌這樣說道：「七傷拳是我崆峒絕技，怎能說有害無益？當年我掌門師祖木靈子以七傷拳威震天下，名揚四海，壽至九十一歲，怎麼說會傷害自身？你這不是胡說八道麼？」張無忌回答：「木靈子前輩想必內功深湛，自然能練，不但無害，反而強壯臟腑。依晚輩之

見，宗前輩的內功如不到那個境界，若要強練，只怕終歸無用。」

所以練習七傷拳的要訣，在於本身已有深厚的內力。謝遜和崆峒五老內力不足，強行修練，當然就要承受傷及心肺的後果。而張無忌已練得「九陽神功」和「乾坤大挪移」，內力強勁，再鑽研「七傷拳」，效果自然不同。他在光明頂上能夠以七傷拳一拳擊斷松樹，震懾眾派，背後就是這個原因。

現實中當然沒有七傷拳這樣的拳法，但確實存在崆峒派這一武術流派。崆峒派根植於道教名山 —— 甘肅平涼崆峒山。崆峒山與道教的關聯由來已久，《莊子·在宥》就記載人文始祖軒轅黃帝曾登臨崆峒山，向在此修道的智者廣成子請教治國之道和養生之術。雖然是道教名山，但在崆峒山的歷史上，又以其三教融合的特點而聞名。640年，仁智禪師遠道而來，登上崆峒山。至元朝時期，安西王又下令在崆峒山修建寶慶寺。明代，崆峒山上儒學之風又興起，「嘉靖八才子」之一的趙時春，早年就曾在崆峒山潛心讀書，後來一舉高中，後人在山上保留有「趙時春讀書台」。至今崆峒山上的「三教洞」，就將老子、孔子、釋迦牟尼的塑像陳列在一起，可謂是一道獨特的風景。

崆峒派武術尊唐朝人飛虹子為其始祖。他早年在少林寺學藝，後來到崆峒山隱居，開創崆峒派。崆峒派武術最大特點就是「奇」，包括使用「奇兵」（兵器），它不屬於十八般兵器，小巧玲瓏，方便攜帶，往往不易被對方發現，交手時便能出奇制勝。崆峒派武術廣納各門派之長，既有陰陽、太極的哲學思想，也融合多種拳法和兵器的精髓，與「三教合一」的崆峒山一樣，豐富奇妙。

第五章
行雲流水，任意所至

五嶽是甚麼概念？

在《笑傲江湖》中，五嶽劍派盟主、嵩山派掌門左冷禪要吞併華山、泰山、衡山和恒山，合併五嶽，小說借沖虛之口指出：「少林派向為武林領袖，數百年來眾所公認。少林之次，便是武當。更其次是崑崙、峨嵋、崆峒諸派。令狐賢弟，一個門派創建成名，那是數百年來無數英雄豪傑，花了無數心血累積而成，一套套的武功家數，都是一點一滴、千錘百煉地積聚起來，決非一朝一夕之功。五嶽劍派在武林崛起，不過是近六七十年的事，雖然興旺得快，家底總還不及崑崙、峨嵋，更不用說和少林派博大精深的七十二絕藝相比了。」

「左冷禪滿腹野心，想幹的卻正是這件事。當年他一任五嶽劍派的盟主，方丈大師就料到武林中從此多事……左冷禪當上五嶽劍派盟主，那是第一步。第二步是要將五派歸一，由他自任掌門。五派歸一之後，實力雄厚，便可隱然與少林、武當成為鼎足而三之勢。那時他會進一步蠶食

昆侖、峨嵋、崆峒、青城諸派，一一將之合併，那是第三步。然後他向魔教啟釁，率領少林、武當諸派，一舉將魔教挑了，這是第四步。」

《笑傲江湖》這段記載非常有趣，既是把左冷禪的野心直白地書寫出來，同時也是把相隔千里的五嶽概念合而為一，為了情節的扣人心弦和精彩曲折，完全無視五嶽在空間的距離，更高估了古人在交通、傳訊和管理等方面的能力，左冷禪痴人說夢，奇怪的是江湖大派竟陪着他發夢，這個五嶽歸一是《笑傲江湖》最關鍵的情節，卻是最異想天開、匪夷所思的地方。

如果左冷禪統一五嶽劍派成功，他已無需合併其餘各大門派，以五嶽在中國版圖核心地位和涉及的範圍，左冷禪的「國中之國」北到山西、東及山東、南到胡湖南、西至陝西，面積較全盛時期的太平天國還要大！

事實上，五嶽是五座風馬牛不相及的大山，是中國云云大山中的五個，既非中國最高的山脈。中國最高的山脈是珠穆朗瑪峰，1953 年人類首次登頂成功。在 2020 年 12 月 8 日，最新宣佈，珠穆朗瑪峰高度升高為 8,848.86 米。與之比較：位於河南鄭州市登封市的中嶽嵩山，海

嵩山圖，取自明人王昕、王學思編集的《三才圖會》。

按嵩高山者五岳之中嶽也在河南府釋名云嵩字或為崧山大西高曰嵩曰虎通云中央之嶽獨加高字者何嶽居四方之中而高故曰嵩高山崇武帝登中嶽間有呼萬歲聲於是以三百戶封奉祠命曰崇高邑至後漢靈帝後改崇高為嵩高烏藏延之之西征記云其山東謂太室西謂少室相去十七里嵩其總名也謂之室者以其下各有石室馬少室高八百六十丈上方十里與太室相丈雜道書云自嶽神朝東北二十里至一山名曰東龍門其東有三

三才圖會
地理九卷
五

臺山昔漢武東巡過此山見學仙女遂以名馬有詩由靈王太子晉吹笙作鳳鳴游伊洛間道人浮丘公按上嵩山三十餘年往來緱氏山近在嵩山之西也漢世有道士山高大四絕其北有穎水即堯聘許由處猶有壇壝昔周從外國將貝多子末於嵩高西麓種之有四樹與眾木異一年三死三白色香美白儼師沿洛河南行五里渡河十里登唐盧陵王墓石表猶存中一碑高大字漫滅不可讀三十里至箤嶺山行八里至對峙巖道崎嶇乃唐高宗幸少林寺時所鎣山行八里至少林寺在少室山北麓有碑後親孝文為胡僧跋陀建

拔 1,491.71 米；位於山東泰安市泰山區的東嶽泰山，
海拔 1,545 米；位於陝西渭南市華陰市的西嶽華山，海
拔 2,154.9 米；於湖南衡陽市南嶽區的南嶽衡山，海拔
1,300.2 米；位於山西大同市渾源縣的北嶽恒山，海拔
2,016.1 米。更非中國最長的山脈。中國最長的山脈是崑
崙山脈西起帕米爾高原東部，橫穿新疆、西藏，一直延伸
到青海境內，全長約 2,500 公里，寬 130 到 200 公里，平
均海拔在 5,500 到 600 米。

但五嶽概念卻是和中華文化息息相關的，包含了山神崇
敬、五行觀念和帝王封禪，其後道教更把它們繼承和發揚
光大，五嶽也成了道教名山，故五嶽最能體現中國文化的
轉變和傳承。

在先秦時期只有四嶽之稱。四嶽的意思，有指是神[1]，有指
是職位[2]，大抵四嶽和「四方」、「四海」等意思接近，專
指某個職位或某座山，而是指黃河流域大大小小的山嶽。
當然，在先秦一些記載中，如《堯典》，已經把岱宗（泰
山）稱為東嶽。

1.　歷史學家顧頡剛指是「最早為古代西方羌戎中的姜姓部族的宗族神，是由於
　　他們居地的山嶽之神衍成部族祖先神的」。
2.　《史記・五帝本紀・集解》引鄭玄解釋：「四嶽，四時官，主方嶽之事。」

按泰山在山東濟南府泰安州五嶽之東嶽也博物志云

泰山一曰天孫言為天帝孫也主召魂東方萬物始成故

知人生命之長短五經通義云一曰岱宗言王者受命易

姓報功告成必於岱宗東方萬物始交代之處宗長也

禪者廣厚也皆刻石紀號者已之功績以自效也天以高

為尊地以厚為德故增泰山之高以示報天禪梁甫之趾

以示報地漢官儀及泰山紀云盤道屈曲而上凡五十餘

盤自下至古封禪處凡四十里所出太安可二里所即入山

三才圖會　　地理八卷　　四

自是皆詰曲逶迤而上峯勢巉巉若相磨而傍多溪澗

流碫磥間作悲鳴與簫吹相應久之至迴馬嶺又四里抵

御帳巖一日御休宋真宗陵東封止休衛處其嶺頗亮又行可二

里抵黃峴黃峴者不知其所戮名有松五卽所謂五大夫

者也以厄於石不能茂而稍具虬虯狀又上里許爲百丈

崖崖傍有石洞樓石而下黑其兇巨測巴慶三

澗壑爲十八盤如屋傍有石洞樓上里許爲元君

壁峪爲十八盤三而穿中實曰天門行可里許爲元君

洞元君者不知其所由始或曰卽華山玉女也天下之嶽

泰山圖，取自明人王昕、王學思編集的《三才圖會》。

至於「五嶽」名稱早見於《周禮》、《禮記》，但「五嶽」
並沒明指是甚麼，直到秦始皇統一天下，用「五德終始
說」解釋王朝更替，五成為了中國文化的重要數字，《史
記·封禪書》記漢武帝時申公的說話：「天下名山八，而
三在蠻夷，五在中國。中國華山、首山、太室（今河南嵩
山東部的太室山）、泰山、東萊（今山東大萊山）。此五
山黃帝之所常游，與神會。」

此時的「五嶽」皆在黃河流域，和《笑傲江湖》的「五嶽」
差距甚遠，而且五座山都是黃帝常到之處，神仙之所，可
見此時的「五嶽」已是與山神崇敬和五行觀念並行。成書
約在西漢初年的《爾雅》列出「五嶽」的位置有兩種說法，
分別是「河南華、河西嶽、河東岱、河北恆、江南衡」和
「泰山為東嶽，華山為西嶽，霍山為南嶽（安徽霍山縣南
嶽山），恆山為北嶽，嵩山為中嶽」。

直到東漢時期，鄭玄為《周禮》作注才說：「五嶽，東曰
岱宗（泰山）、南嶽曰衡山、西曰華山、北嶽曰恆山、中
嶽曰嵩山」。

四嶽觀念的發生，源於中國早期的山嶽崇拜。以山嶽為中
國先民的宗神，與遠古時期中國先民的居住環境和經濟生

活有關。秦漢時期（公元前 221 —公元 220）以後，受五德終始說的影響，為了適應大一統形勢下帝王封禪的需要，從漢武帝到漢宣帝時期（公元前 141 —前 48），五嶽漸趨明確固定。

引動江湖的福州林家

《笑傲江湖》的故事是圍繞福州林家家傳的《辟邪劍譜》展開的。林家在福州經營福威鏢局，其家傳的《辟邪劍譜》是武林絕學，但第三代傳人林震南武功平庸，於是引得四川青城派來到福州將福威鏢局滅門，意欲搶佔《辟邪劍譜》。林家少爺林平之倖存了下來，被華山派掌門岳不群所救。

林家福威鏢局所在的福州，是整個小說起首的地方，金庸也頗花了些筆墨描寫這個八閩都會。首回開篇就寫道：「和風薰柳，花香醉人，正是南國春光漫爛季節。福建省福州府西門大街，青石板路筆直的伸展出去，直通西門。一座建構宏偉的宅第之前，左右兩座石壇中各豎一根兩丈來高的旗杆，杆頂飄揚青旗。右首旗上黃色絲線繡着一頭張牙舞爪、神態威猛的雄獅，旗子隨風招展，顯得雄獅更加威武靈動。雄獅頭頂有一對黑絲線繡的蝙蝠展翅飛翔。左首旗上繡着「福威鏢局」四個黑字，銀鈎鐵劃，剛勁非凡。」

福州是今天福建省的省會，有 2,300 多年的建城史，古稱閩都，長期以來都是東南地區的重要城市。福州三面環山

福州府境圖，取自明人王昕、王學思編集的《三才圖會》。

一面向海，一條閩江穿城而過，自西向東流入大海。因為自古以來遍植榕樹，所以福州又有「榕城」的別稱。整個城市氣候溫暖濕潤，草木植被豐茂，確實一派南國風光。

福州美食

小說中還提及了幾味當地的美食：「華師傅是鏢局中的廚子，烹飪功夫着實不差，幾味冬瓜盅、佛跳牆、糟魚、肉皮餛飩，馳譽福州，是林震南結交達官富商的本錢之一。」

冬瓜盅主要是廣東地區常見的菜餚。用圓形矮小冬瓜洗淨，不削皮，在頂上開出一個茶盅似的蓋，挖出瓜瓤，填入冬菇、蝦米、乾貝、肉丁、雞湯等配料，合上蓋放入蒸籠，蒸至皮黃瓜爛。做工精細的廚師還會在瓜皮上雕刻花紋。這冬瓜盅吃來清香爽口，是一道消夏名菜，但在福建地區倒不太具有代表性。或許金庸認為廣東、福建兩省是相鄰的沿海省份，口味或許相近，便以此臆測了。

佛跳牆則是地地道道的福州傳統名菜。通常選用海蔘、鮑魚、魚唇、乾貝、瑤柱、蹄筋、蹄尖、花菇、墨魚、瑤柱、鵪鶉蛋等幾十種高檔食材，加入高湯和福建老酒，煨於一壇。各種材料互為滲透，吃起來葷香濃郁。有人曾賦詩曰：「壇啟葷香飄四鄰，佛聞棄禪跳牆來。」因此得名佛跳牆。

糟魚和肉皮餛飩更是福州家常的菜餚小吃。糟魚是將魚塊醃製後，用油煎或炸，然後用紅糟、薑、蒜等煮製湯汁，淋在魚塊上。這樣做好的糟魚可以繼續浸泡一夜再食用，紅糟味會更加充足。肉皮餛飩正式名稱叫做肉燕，形如餛飩，卻有別於一般餛飩以面皮包餡，而是以豬後腿肉加蕃薯粉打成薄如白紙的燕皮，再包入肉餡。肉燕是福州特有的傳統小吃，逢年過節或喜慶日子必吃「太平燕」，即將

肉燕與鴨蛋共煮，因福州話裏鴨蛋（鴨卵）與「壓亂」、「壓浪」諧音，取其太平、平安的吉祥寓意。

向陽巷老宅

至於那引動整個江湖的《辟邪劍譜》，據林震南臨終前，曾這樣交代：「林震南呼吸急促，斷斷續續的道：『請 …… 請你告訴我孩子，福州向陽巷老宅中的物事，是 …… 我林家祖傳之物，須得 …… 須得好好保管，但 …… 但他曾祖遠圖公留有遺訓，凡我子孫，千萬不得翻看，否則有無窮禍患，要 …… 要他好好記住了。』」

現實的福州沒有向陽巷，卻有這樣一片著名的歷史文化街區 —— 三坊七巷。三坊七巷最早發軔於晉朝，形成於唐朝，興盛於清朝，保存了唐宋里坊制度的格局，整體方正有序，民居與商舖並存。三坊七巷以南北走向的南後街為中軸，西側有衣錦坊、文儒坊、光祿坊等三坊，東側有楊橋巷、郎官巷、塔巷、黃巷、安民巷、宮巷、吉庇巷等七巷。當中留存了許多明清時期至近代的歷史名人故居，包括張經、林則徐、嚴復、林紓、陳寶琛、沈葆楨、鄭孝胥、薩鎮冰、林長民、林覺民、冰心、廬隱、鄧叔群等，所以有「一座福州三坊七巷，半部中國近現代史」的說法。

福州三坊七巷之一：安民巷

在三坊七巷中，正好也有一座林氏大宅，它位於最北面的一條巷——楊橋巷。楊橋巷因向西通往楊橋而得名，因為城市建設，現在已改名楊橋東路。林氏大宅位於楊橋巷和前後街的交叉處，它還有一個更著名的名字——林覺民故居。這處宅子建於清朝，此前由林覺民祖輩七房人家聚居，1887 年林覺民就在此出生，18 歲時他又在此迎娶了陳意映。1911 年，林覺民從日本留學歸國，寫下了著名的〈與妻書〉，作為他參加革命起義的絕筆。三日後，他參加廣州起義，失敗被俘，從容就義，葬於黃花崗，史稱「黃花崗七十二烈士」之一。林覺民就義後，林氏一家避禍遷離，將宅子賣給了著名作家冰心（原名謝婉瑩）的祖父謝鑾恩，所以這座宅子現在也被稱作冰心故居。謝氏一直居住至 1950 年代。在林覺民的〈與妻書〉和冰心的〈我的故鄉〉裏，都曾描述過這座宅院的佈局樣貌。值得一提的是，近代著名的才女林徽因就是林覺民的堂哥林長民的女兒，所以林徽因也曾在此宅中居住過。

小說中的向陽巷林家老宅沒有再多的描述，很難說是否有現實的原型，但不禁讓人聯想到今天楊橋巷林氏大宅。烈士泣血，聲動中華，山河為之一振，比之《辟邪劍譜》震動江湖，更值得人尊敬和銘記。

懸空寺真的懸在半空？

在《笑傲江湖》中，作為恒山派掌門的令狐沖，邀請少林
寺方丈方證大師、武當派沖虛道長來到恒山，他們上到恒
山上的奇景之一懸空寺內談話，但被日月明教派來的人偷
襲，幸得任盈盈及時出現，幫忙解圍。

這懸空寺是現實中恒山上存在的真實建築，營造得極具特
色，金庸在小說中詳細地描繪過這座寺院的景觀：「（令
狐沖）向方證、沖虛二人道：『下此峰後，磁窰口側有一
座山，叫作翠屏山，峭壁如鏡。山上有座懸空寺，是恒山
的勝景。二位前輩若有雅興，讓晚輩導往一遊如何？』沖
虛道人喜道：『久聞翠屏山懸空寺建於北魏年間，於松不
能生、猿不能攀之處，發偌大願力，憑空建寺。那是天下
奇景，貧道仰慕已久，正欲一開眼界。』……」

「方證與沖虛仰頭而望，但見飛閣二座，聳立峰頂，宛似
仙人樓閣，現於雲端。方證嘆道：『造此樓閣之人當真妙
想天開，果然是天下無難事，只怕有心人。』三人緩步登
山，來到懸空寺中。那懸空寺共有樓閣二座，皆高三層，
凌虛數十丈，相距數十步，二樓之間，聯以飛橋。……」

「飛橋闊僅數尺，若是常人登臨，放眼四周皆空，雲生足底，有如身處天上，自不免心目俱搖，手足如廢，但三人皆是一等一的高手，臨此勝境，胸襟大暢。」

懸空寺位於今山西大同市渾源縣恒山金龍峽西側翠屏峰陡峭的崖壁上，始建於北魏時期。原名「玄空閣」，「玄」取自道教教理，「空」源自佛教教義，後因整座寺院懸於半山腰上，且「懸」又和「玄」諧音，故改名為懸空寺。

北魏最早定都於平城，也就是今山西大同市，當時北魏的天師道長仙逝前曾留下遺訓，要興建一座空中寺院，以達「上延霄客，下絕囂浮」。天師的弟子們於是多方籌資，精心設計，最終在 491 年建成了懸空寺，距今已有 1,500 多年了。

在金朝之前，懸空寺又變成了一座「三教合一」的寺院，純陽宮中供奉着道教的呂洞賓，雷音殿中供奉着佛教的釋迦牟尼，三教殿中則同時供奉老子、孔子和佛祖，頗為奇特。

懸空寺整體是「一院兩樓」的布局，樓閣殿宇有 40 間，南北兩座高樓凌空對望，中間由一座長約十米的長線橋相

按恒山五嶽之北嶽也在山西大同府渾源州周官并州
其鎮山曰恒山風俗通曰恒常也萬物伏北方有常水謂
之常山高三千九百丈七尺上方三十里周迴三千里有
太玄之泉神草十九種服之可度世嘗十六其山北臨代
南俯趙東接河海之間早生而晚殺五穀之所蕃熟四種
五穀焉後魏書云道武立廟於其上置侍祀九十人歲躬
祈禱水旱主文成帝東巡親禮其神焉

又

北嶽在渾源州之南爲舜北巡狩之所恣生于天縱盤于
地其胸臆高亘雲其巓經赤日循坡東迤領北而上是多珍
花靈草忝態不類姚芳奔吧映藏在右山半俯瞰高如綠
虛歷岌三七里是爲虎風口其間多橫松強柏狀如飛龍
怒虬立蓊鬱衍飛于曲陽縣今尚有石突嶂故歷
崖逆立爵然中虛相傳飛于曲陽
代怯升登就祠于曲陽以爲亦嶽靈所寓也又數十步許
爲聚仙臺臺上有石坪東則溫陽上谷西則大同以南奔
峯來趙北盡渾源雲中之景南目五臺潛隱在三百里外
而翠屏五峯畫錦封龍諸山皆俛首伏奔于其下

恒山圖，取自明人王昕、王學思編集的《三才圖會》。

連，與小說中描寫的一致。最高處的殿閣底部，距離下方的河谷約 90 米，相當於 30 層樓高。這樣一處依崖壁屹立上千年的建築，到底是怎麼建成的呢？

人們在懸空寺所在的峽谷南部的石壁上，發現了古人修建懸空寺時留下的一些石孔遺蹟，揭開了這個建築史上的秘密。工匠先下到崖壁間，在石壁上開鑿出小的石洞，往石洞裏置入一個木楔子，然後把木樑的頭部加工成剪刀狀，用力砸入石洞，讓先前放入洞裏的木楔子鑽入木樑剪刀狀的頭部，撐開木樑。木樑砸得越深，木楔子就咬合得越緊，木樑就牢牢地插入了石壁間。這些木樑有約三分之二的長度插入石洞，以石壁作為槓桿，每根可以承受數噸的重量。

工匠再從崖頂依次吊下建材，以這一根根木樑作為基座，一層層搭建起木結構的建築。而在搭建殿閣的同時，為了擴大室內的空間，工匠們使用了魏晉時期開鑿佛教石窟的方式，橫向挖鑿石壁，洞窟在內，木結構殿閣在外，二者相連。就這樣形成了一座木結構高空摩崖建築。而懸空寺飛樑使用的木料，還是當地特產的鐵杉木，據說用桐油浸過，有防腐的作用，不怕白蟻。

懸空寺倚仗的這一段石壁也頗為講究，從側面看正好是一段天然的凹槽，這就保證了當山體出現落石時，能自由落體向下掉落，不會砸到處於凹槽內的懸空寺建築。

恒山懸空寺

今天人們來到懸空寺，往往以為整座寺院是依靠殿閣下的 27 根木樁支撐。其實在懸空寺初建成時，是沒有這些木樁的，只是後人擔心懸空寺沒有任何外部支撐，存在危險，於是在殿閣下安置了這些木樁，這也造就了今天人們眼中的假象。實際上，這些木樁並不承重，只在極端情況下，為寺院增加了一份保障。

懸空寺早已成為了恒山十八景中的「第一勝景」。民間素
有「懸空寺，半天高，三根馬尾空中吊」的俚語。李白遊
覽懸空寺過後，在崖壁上書寫了「壯觀」二字，如今寺旁
就有一處書有「壯觀」二字的石刻（李白真跡不存）。明
朝旅行家徐霞客遊覽恒山，也感歎於懸空寺的險要，要鼓
起勇氣才敢攀登。不得不說，懸空寺是木結構建築史上的
一個奇蹟。

朱仙鎮成就岳飛美名？

在《笑傲江湖》中，岳不群率一眾華山弟子前往福州，途中經過開封，岳不群與岳靈珊有這樣一段對話：「岳不群笑道：『離這裏不遠有個地方，是咱岳家當年大出風頭之所，倒不可不去。』岳靈珊拍手笑道：『好啊，知道啦，那是朱仙鎮，是岳鵬舉岳爺爺大破金兀朮的地方。』凡學武之人，對抗金衛國的岳飛無不極為敬仰，朱仙鎮是昔年岳飛大破金兵之地，自是誰都想去瞧瞧。岳靈珊第一個躍上碼頭，叫道：『咱們快去朱仙鎮，再趕到開封城中吃中飯。』」

後來令狐沖在此遇到「殺人名醫」平一指、桃谷六兄弟等一眾江湖人士要為其療傷，岳靈珊則沒有機會好好看看這個岳飛大破金兵之地。

朱仙鎮位於今河南開封市西南，距離開封市 22 公里。明清時期，因為賈魯河的開通，成為南北貨船的轉運處，因而與廣東佛山鎮、江西景德鎮、湖北漢口鎮合稱全國「四大名鎮」。朱仙鎮最著名的景點，或許就是岳飛廟，這是

中國現存的四大岳廟之一 [3]，長期受人瞻仰。

在朱仙鎮建有岳飛廟，最主要就是岳飛在此獲得了赫赫有名的朱仙鎮大捷。最廣為人知的故事是：1140 年，岳飛率領岳家軍第四次北伐，一路直逼開封，進至離開封僅四十五里的朱仙鎮，當時完顏宗弼（金兀朮）號稱有十萬大軍駐紮在此，而岳家軍以 500 人的精銳部隊將其一舉擊潰。岳飛本想乘勝北上，光復故都開封，但是當時秦檜卻與金人勾結，力主議和，看到岳飛即將完成收復大業，即力陳宋高宗制止，高宗連發十二道金牌將岳飛召回，北伐大計功敗垂成。岳飛無可奈何，痛泣歎説：「十年之功，廢於一旦！非臣不稱職，權臣秦檜實誤陛下也。」後世人們論及此事，也莫不扼腕歎息，痛罵奸臣當道，昏君誤國。

這樣一場戲劇性的戰事，歷史上是否確有其事呢？

最廣為流傳的故事版本，出自元朝官修的《宋史‧岳飛傳》。而《宋史》的記載，則來自岳飛的孫子岳珂編纂的《鄂國金佗粹編》。書中這樣記載：「先臣獨以其軍進至朱

3. 　　另外三處為：河南湯陰岳飛廟、杭州岳王廟和廣東新會岳王廟。

仙鎮，距京師才四十五里。兀朮復聚兵，且悉京師兵十萬來敵，對壘而陳。先臣按兵不動，遣驍將以背嵬騎五百奮擊，大破之。兀朮奔還京師。」岳家軍大勝後，百姓反響極其熱烈，「兩河忠義百萬，聞先臣不日渡河，奔命如恐不及」。待得知岳飛即將班師回朝，百姓都痛哭流涕，説到：「今日相公去，此某等不遺噍類矣。」岳飛同感悲咽，「命左右取詔書以示，日朝廷有詔，吾不得擅留」。可見岳家軍不光在朱仙鎮取得大勝，岳飛本人也到了此處，獲得了百姓擁護，但最終無奈回軍。

然而，岳珂向朝廷呈上《鄂國金佗粹編》時，距離朱仙鎮大捷已過了 70 多年。當時岳飛已獲平反，岳珂於是四處搜羅有關岳飛生平、抗金事跡的史料、詩詞等，而且還「考於聞見，訪於遺卒」，也就是收集民間逸聞、口述史等。奇怪的是，在《鄂國金佗粹編》之前編印的史料，包括《三朝北盟會編》、《建炎以來繫年要錄》、《中興十三處戰功錄》，以及宋高宗詔札和岳飛捷奏等，都沒有朱仙鎮大捷的記載，而在此後面世的《皇宋十朝綱要》、《文獻通考》等史書，都抄錄了這段論述。所以有理由相信，這段朱仙鎮大捷的敍述，很可能就出自民間或岳家軍舊人的口述。

根據《三朝北盟會編》和《建炎以來繫年要錄》的記載：
七月八日，岳飛在郾城縣擊敗金兀術；十日，岳飛再敗金
人於郾城縣；二十一日，岳飛自郾城回軍。

從七月八日郾城之戰至二十一日回軍，岳飛都身處郾城，
若在朱仙鎮連接十二道金牌，不可能隻字不提。而且金兀
術手下十萬大軍，為甚麼不駐紮在開封，而是駐紮在小小
的朱仙鎮？這也不符合常理。退一步說，就算朱仙鎮曾經
發生過戰事，也很可能是岳家軍的先頭部隊到達了朱仙
鎮，與金軍有過交戰，但岳飛及岳家軍主力仍舊駐在郾
城，並由此班師回朝。

當然，由於岳飛含冤而逝，秦檜掌權後大幅銷毀、刪改史
料，朱仙鎮的事蹟很可能就此被付之一炬，此類情況在歷
史上也並不少見。但根據現有的證據分析，無法證實的確
發生過朱仙鎮之戰，但難以一概而論地否定。

考慮到岳珂編纂《鄂國金佗粹編》時，正值南宋抗擊金國
入侵，民間以朱仙鎮以少勝多的戲劇性敍述，表達抵抗異
族的強烈情緒，鼓勵主戰派的鬥志，也就在情理之中了。

青城派的蜀道難

在《笑傲江湖》中，青城派是一個有著悠久歷史的門派，但在故事中展現了其陰暗面。原本是名門正派之一的青城派，在掌門余滄海的帶領下走上了一條邪路。余滄海為人陰險，貪圖林家的《辟邪劍譜》，導致林家滅門。除了余滄海外，青城派還有被稱為「青城四秀」的弟子，其行為狡詐且殘忍，最終也遭遇了悲慘的結局。

青城山圖，取自明人王昕、王學思編集的《三才圖會》。

青城山與道教文化有着不解之緣，所以青城派是道教，青城山是道教的重要發源地之一，天師洞作為道教全真龍門派的聖地，始建於東漢末年，是最古老的道觀。這裏不僅有唐代石刻等古代建築和雕刻，還展示了古代中國的文化和藝術。

青城派位於今四川青城山。其地理位置位於四川成都市都江堰市西南部，東距成都市區約 68 公里。青城山是道教名山之一，與都江堰共同構成了世界文化遺蹟。青城山以其秀美的自然風光和悠久的道教文化歷史而著稱。山體主要由礫岩組成，有 36 個峰頭，最高峰老君閣海拔 1,260 米。青城山的地理位置和自然環境為它贏得了「青城天下幽」的美譽。

此外，青城山還以其豐富的植被和清涼的氣候條件而聞名。這裏林木葱蘢，四季常青，群峰環繞，形成了一種獨特的寧靜氛圍。青城山的地質地貌獨特，擁有飛泉、神仙、紅岩、五龍等多處深隧、葱蘢、奇險的溝壑，以及峽谷棧道、淵潭水簾、靈谷飛瀑等自然景觀，構成了一幅幅精美的自然畫卷。

青城山不僅是一處風景秀麗的旅遊勝地，更是承載了豐富

的歷史和文化故事。相傳在遙遠的軒轅黃帝時期，黃帝曾封青城山為「五岳丈人」，這是因為寧封子在此修道並向黃帝傳授了御風雲的「龍蹻之術」。因此，青城山也被後世稱為丈人山，以紀念這段傳說。

《笑傲江湖》發生的背景是明朝時期，故事主要發生在中原一帶，而青城山位於四川，余滄海派人到福州奪《辟邪劍譜》，便要跨越 2,393 公里，出川時還要經過極難的蜀道。明朝蜀道的險峻和艱難依舊是文人墨客描繪和感嘆的對象。明人謝時臣的《蜀道難圖》就是對這個主題的藝術

青城山及其周邊古建築群

表現。此外，明朝詩人丘濬也有一首題為《蜀道難》的詩作，其中寫道：「蜀道難，難於上青天。蜀道易，易於履平地。行路難，不在水，不在山，只在人情反覆間。」

青城派出川，可以選擇陸路或水路為主，但出川之路仍是艱難。在陸路方面，由於地形複雜，出川道路仍然充滿挑戰。如劍門關是著名的交通要道，但在明代，官道沒有經過劍閣（今廣元），而是繞行保寧府（今閬中）。若穿越秦嶺和巴山的道路有若干條，包括陳倉道、褒斜道、儻駱道、子午道等，這些道路自古以來就是連接陝西與四川的重要通道，但從四川經陝西到福建，是會轉了一大圈，要跨越近 4,000 公里，由此可見，余滄海為人雖陰險，但決心非凡。

恒山的尼姑來去自由？

恒山派是《笑傲江湖》中的一個正氣門派，以佛學淵源深厚和劍法嚴謹著稱。

恒山派的創始人是曉風師太，掌門人包括定閑師太和令狐沖。恒山派的代表人物有「恒山三定」（定逸師太、定閑師太、定靜師太）、令狐沖以及儀琳等。該派的武功包括天長掌法、萬花劍法等，而其內力雄厚，擅長防禦和反擊，能在保護自己的同時製造出強大的爆發力。

在《笑傲江湖》的故事中，恒山派雖然弟子大多為尼姑，但並不排除男性和俗家弟子。恒山派的劍陣非常厲害，能够抵擋多名一流高手的攻擊。恒山派與華山派形成鮮明對比，如果説華山派是在虛偽的君子領導下的虛假和諧門派，那麼恒山派則是在真正君子領導下的真正和諧門派。

在此，我們不禁要問兩個問題：一是有存在過由尼姑組成的佛教宗派嗎？二是恒山和佛教有甚麼關係？

首先，中國歷史上沒有純尼姑組成的佛教宗派，尼姑一詞是對佛教中出家女性的俗稱，這些女性在佛教中被稱為比

丘尼，她們是佛教五眾之一，受持具足戒，並致力於修行和學習佛法。在佛教傳統中，女性出家者被稱為比丘尼，這是梵文 Bhikssuni 的音譯。比丘尼在佛教社區中扮演重要角色，她們與其他僧侶一樣，遵循佛教戒律，進行禪修、學習和弘揚佛法。尼姑通常在尼姑庵中，尼姑庵是佛教中出家修行的女教徒居住和修行的地方，相當於佛寺，但主要由比丘尼管理和維護。在藏傳佛教中，也有尼姑庵（或稱「阿尼寺院」）的存在，她們同樣虔誠地修行，可能屬於不同的教派，如格魯派等。這些教派在藏地盛行，尼姑在其中扮演着重要的角色。

此外，明朝普通民眾的流動是受限制的，更遑論出家的尼姑，明朝實行了嚴格的人口普查和編戶齊民政策，這自然限制了人口的自由流動。明朝初期，為了恢復農業生產，嚴令不得擅自離鄉。雖然後來政策有所變化，但總體上明朝對民眾的自由流動持限制態度。明太祖為了準確掌握全國人口情況，實施了黃冊制度。要求對人口進行詳細登記，從而限制了人口的自由流動。

尼姑通常居住在尼姑庵中，這些宗教場所往往與外界相對隔絕。尼姑的主要活動範圍局限於庵內，除非有特殊原因，否則不會頻繁外出。此外，尼姑作為出家人，她們的

生活更加注重修行和宗教活動，而非世俗的流動和遷徙。
即使在必須離開的情況下，也需要得到官方的許可和相應
的文書支持。

所以，像恒山派諸女弟子四出活動，甚至參與大型男女聚
會，不過是《笑傲江湖》杜撰的世界。

第二是恒山和佛教的關係，恒山是中國北方著名的山脈之
一，不僅以其秀麗的自然風光著稱，還因其深厚的文化底
蘊而備受推崇。特別是在佛教領域，恒山與佛教的關係源
遠流長，是佛教文化傳播和發展的重要地區。

恒山是中國佛教歷史上的重要聖地。早在東漢時期，佛教
就已傳入恒山地區。隨着佛教在中國的廣泛傳播，恒山成
為了僧侶修行、寺廟興建的聚集地。在恒山的山谷和山腰
上，分佈着大量的佛寺和塔林，其中最著名的莫過於建於
北魏時期的懸空寺。這座建築奇觀巧妙地利用山體岩石，
懸掛於峭壁之上，歷經千年風雨仍巍然屹立，成為恒山乃
至世界佛教建築的一大奇蹟。

其次，恒山是佛教思想交流和融合的重要場所。在歷史的
長河中，恒山吸引了眾多高僧大德前來講學、譯經和修

恒山捨身崖

行。這些僧侶中不乏來自天竺、西域的高僧，他們帶來了
不同佛教宗派的教義和修行方法，促進了佛教思想在中國
的傳播和發展。同時，恒山也是漢傳佛教與藏傳佛教交流
的重要平台。明清時期（1368 — 1912），隨着藏傳佛教
在蒙古和東北地區的傳播，恒山成為了漢藏佛教文化交流
的重要節點，為不同佛教傳統之間的對話和融合提供了
空間。

再者，恒山對於佛教文化的傳播起到了關鍵作用。在古

代，恒山不僅是僧侶修行的聖地，也是信徒朝聖的目的
地。每年的佛教節日，如觀音菩薩誕辰、彌勒菩薩出家日
等，都會有成千上萬的信眾前往恒山的寺廟燒香禮佛、祈
福許願。這些宗教活動不僅加深了信眾對佛教的信仰，也
促進了佛教文化在不同地區的傳播和影響。

此外，恒山還是佛教藝術創作的靈感源泉。許多文人墨
客、藝術家受到恒山的自然風光和佛教氛圍的啓發，創作
了大量詩詞、書畫、雕塑等藝術作品。這些作品不僅讚美
了恒山的自然美景，也表達了對佛教理念的崇敬和理解，
豐富了中國佛教文化的內涵。

最後，恒山在當代仍然是佛教活動的重要場所。隨着時間
的推移，恒山的許多寺廟得到了修復和重建，成為了佛教
徒進行宗教實踐的活躍場所。在這裏，人們可以參加法
會、聽經念佛、修行禪定，體驗佛教的精神內涵。同時，
恒山也吸引了眾多國內外遊客前來參觀學習，成為了傳播
佛教文化的重要窗口。

華山上有華山派？

《笑傲江湖》以五嶽劍派分合為主線，以主角華山大弟子令狐沖為視角，展開一場又一場的武林爭鬥，在芸芸大山中，華山是最主要的舞台，不僅以其險峻著稱，更是各種武林恩怨、師徒情深和門派鬥爭的中心舞台。

華位於今陝西渭南市華陰市，是五嶽之一，因其峰巒陡峭而著稱，被譽為「奇險天下第一山」。華山是秦嶺支脈的一部分，其山脈是秦嶺山系的北支脈。華山的主體是由一塊巨大的花崗岩構成的，這塊岩石的演化歷史約為 27 億年。第三紀初，秦嶺北麓斷層下降，形成了華山的基本地貌。華山五峰是侵入於太古代太華群古老變質岩系中的華山花崗岩，這些岩系的存在使得華山具有了獨特的地質特徵。

華山不僅以其峻峭的山峰著稱，還因其所經歷的地質過程而顯得格外險峻。位於北秦嶺山前斷裂上盤的華山，經過了幾百萬年來的新構造活動和外動力地質作用，對堅硬的花崗岩體進行了塑造，形成了今天我們所見的奇險景觀。

華山的歷史故事源遠流長，可以追溯到遠古時期。傳說

中，華山是黃帝會戰蚩尤的地方。進入春秋戰國時期，華山地區成為了各個諸侯國的爭奪對象。《韓非子》中記載了一則關於秦昭襄王登華山的故事。據說，秦昭襄王曾命令工匠製作勾梯攀登華山，並且在山上用松柏之心製作了巨型的棋子和棋盤，刻有「王與天神博於此」的字樣，表達了他與天神對弈的豪邁情懷。這個故事展示了華山在古代帝王心中的特殊地位，也反映了在大一統之前，秦人把華山視為聖山。

華山是道教的聖地之一。東漢時期，道教創始人張陵在此講道，使得華山成為了道教的重要傳播中心。唐朝時期以後，華山更是成為道家修行之地，許多道觀依山而建，如玉泉院、東峰朝陽洞等，至今仍吸引着無數信衆和遊客前來朝拜。早在《射鵰英雄傳》裏，華山已是全真教所在地，並舉行了兩次「華山論劍」。在小說中，華山派以劍術著稱，是全真教內部繁衍出的七個支派之一，由王重陽七位嫡傳弟子的廣寧子郝大通所創立，成為中原主要的武林門派之一。事實上，華山的確有深厚的道教傳統，構成了華山文化的核心。華山是全真派的發祥地，西玄洞被稱為「太極總仙洞天」，是道教十大洞天的第四洞天，具有極高的宗教地位。華山上現存 72 個半懸空洞和 21 座道觀及遺址，其中包括玉泉院、東道院和鎮岳宮等，這些地方

被列為全國重點道教宮觀。歷史上，華山出現了多位著名的道教高人，如陳摶、郝大通、賀元希等，

《笑傲江湖》中，有一處華山景觀被大書特書，就是思過崖。思過崖是令狐沖面壁思過的地方，記錄了他與小師妹的感情糾葛，既是華山派派內鬥和劍氣二宗的恩怨之地，也是五嶽劍派殲滅日月神教十長老的地點，這些故事情節為思過崖增添了許多故事。現實中，華山真的有思過崖，位於華山南天門外南峰腰間，是長空棧道盡頭的一個百餘平米的崖頂平台。思過崖三面被懸崖環繞，一面依山而建，山壁上有一個名為「賀祖洞」的洞穴，供奉着華山的神祇，即長空棧道的開鑿者元人賀元希。長空棧道已有700餘年歷史，被譽為「華山第一天險」，因其極為險峻，遊人至此需面壁貼腹，屏氣挪步。

佛系洛陽

《笑傲江湖》出現過 60 次洛陽，也是主角令狐沖和任盈盈第一次見面的地方。

洛陽位於河南西部的黃河南岸，洛水之北，水之北謂之「陽」，故名洛陽。其四面環山、八關都邑的地理優勢，成為歷代帝王青睞之所；也因其承東啟西、連接南北的居中位置，成為古往今來的水陸交通要地，洛陽擁有超過 3,000 年的建城歷史和超過 1,000 年的建都史，在中國歷史上，有 13 個正統朝代和 20 多個政權將之設為行政中樞，以該城為中心的河洛地區是華夏文明核心發祥地，是中國四大古都之一。

令狐沖和任盈盈相見於洛陽綠竹巷：「綠竹巷位於洛陽城東城，是一條窄窄的巷子。巷子盡頭，好大一片綠竹叢，迎風搖曳，雅致天然，內中有五間小舍，左二右三，均以粗竹子架成。舍內桌椅几榻，無一而非竹製，牆上懸着一幅墨竹，筆勢縱橫，墨迹淋漓，頗有森森之意。桌上放着一具瑤琴、一管洞簫。小巷中一片清涼寧靜，和外面的洛陽城宛然是兩個世界。」

現實中的洛陽並沒有綠竹巷，不過，金庸也非完全杜撰，洛陽的洛寧縣就被譽為「北國竹鄉」，在那裏可以看到數萬畝的原生態竹林。洛寧的淡竹有着 4,000 多年生長歷史，是世界上緯度最高的竹子。洛寧縣的竹子不僅面積大、分佈廣，而且因環境不同，形成了各具特色的竹林景觀。此外，洛寧還以其竹編工藝而聞名，而洛陽作為古代名都，皇家園林中就種植有竹子，這些園林包括黃帝的園囿、曹魏芳林園、北魏華林園、隋西苑和唐神都園等，它們都是圍繞着水流而建，園內竹木森翠，展現了一種和諧的自然美。

《笑傲江湖》是這樣描述洛陽歷史的：「洛陽是歷代皇帝之都，規模宏偉，市肆卻不甚繁華。令狐沖識字不多，於古代史事所知有限，見到洛陽城內種種名勝古蹟，茫然不明來歷，看得毫無興味。」

《笑傲江湖》背景是明朝，但明朝的洛陽已經衰落，令狐沖見到種種名勝古蹟，是千年古都洛陽曾經的盛世見證。

在西周時期，洛邑被稱為王城，主要是周朝的宗廟宮殿區，而成周城則是殷遺民聚居區。東周時期，平王遷都至洛邑，此後共有 23 位天子在此居住，歷經 500 餘年之

久。秦朝統一六國後,秦始皇巡視天下,首先到訪的就是
洛陽。西漢時期,漢武帝在洛陽設立「洛陽令」,加強中
央對地方的控制。隨後,東漢光武帝定都洛陽,使洛陽成
為東漢的政治中心。隋唐時期(581 — 907),隋煬帝對
洛陽進行了大規模的擴建,修建了規模宏大的洛陽宮。唐
朝時期,武則天更是將國都遷至洛陽,改稱「神都」,使
洛陽成為當時世界上最繁華的城市之一。五代十國及北宋
時期,儘管戰亂頻繁,但洛陽仍是重要的政治和文化中
心。北宋時期,洛陽被譽為西京,與東京開封齊名。金國
時期,洛陽雖然失去了都城的地位,但仍是重要的軍事防
線和交通樞紐。

在《笑傲江湖》還有一處提到洛陽的特色。少林方丈方證
在解釋《易筋經》神功時,提到是慧可從達摩處得來。慧
可就是洛陽人氏,這裏雖沒有明言為何慧可是洛陽人,但
查證歷史,卻不難發現洛陽在中國佛教史上扮演着舉足輕
重的角色。洛陽是佛教進入中國後最早的落腳點,其與佛
教的關聯可追溯到東漢。公元 67 年,漢明帝夢見金光照
耀之神,派遣使者西行求法,最終在西域遇到了印度高僧
攝摩騰和竺法蘭。他們隨使者回到洛陽,並帶來了佛教經
典與佛像。為了安置這兩位高僧和佛法,漢明帝下令在洛
陽修建了中國第一座官方寺廟 —— 白馬寺,標誌着佛教

正式傳入中國，開啓了洛陽與佛教的千年因緣。

白馬寺不僅是中國佛教的起點，也是佛教東漸的重要基地。攝摩騰和竺法蘭在白馬寺翻譯了《四十二章經》，這是中國最早的佛經翻譯活動，為佛教思想的傳播奠定了基礎。白馬寺歷經多次興廢和重建，但始終是佛教徒心中的聖地，吸引了無數信徒前來朝拜。

除了白馬寺，洛陽還有另一處佛教藝術的瑰寶──龍門石窟。龍門石窟位於洛陽市南郊的伊河兩岸，始建於北魏

洛陽白馬寺

時期，歷經東西魏、隋唐等多個朝代不斷擴建，形成了一個龐大的石窟群。這些石窟內的佛像和浮雕展現了不同歷史時期的藝術風格，反映了佛教文化與中國傳統文化的融合與發展。龍門石窟中的盧舍那大佛最為著名，這尊大佛高達 17.14 米，雕刻於唐朝，以其莊嚴而慈祥的面容和精湛的工藝著稱於世。大佛的背後刻有數以千計的小佛像，形成了一幅壯觀的佛教壁畫。

洛陽作為古代中國的中心地帶，其佛教文化影響深遠。從北魏到隋唐時期，許多皇帝都信仰佛教，他們在洛陽城內及周邊地區建立了大量寺廟和佛塔，使得洛陽成為當時全國最重要的佛教中心之一。這些建築不僅為僧侶提供了修行和學習的場所，也為普通百姓提供了精神寄託。

第六章
犧牲小你，完成大我

羅刹國領土為何這樣大？

《鹿鼎記》曾記載羅刹國（俄羅斯）的故事，韋小寶不僅和羅刹國公主有過情緣，還帶兵打敗了羅刹國。

羅刹國是清初對俄羅斯帝國其中一個稱呼。在清初的官方文獻中，清廷對俄羅斯的稱呼極多，「老」字頭的有：老槍、老掐、老羌；「羅」字頭的有：羅刹、羅禪、羅車、羅沙、羅叉、邏察，而最典型的是羅刹如《清世祖實錄》中就記載過，「（順治九年，1652）九月丙戌，以駐防寧古塔章京海塞遣捕牲翼長希福等率兵往黑龍江，與羅刹戰，敗績，海塞伏誅，希福革去翼長，鞭一百；仍留寧古塔。」另據《八旗通志》記載，「（順治十一年，1654）明安達哩自京師統兵往征羅刹，敗敵於黑龍江。」

那為甚麼俄羅斯會有「老」、「羅」字頭的叫法呢？

清初黑龍江索倫人稱俄羅斯人為 loca，loca 來源於俄語中

獵人之意，表示「大貴族和地主家裏經營狩獵的人」，所
以漢語中不論是帶「老」字頭的「老槍、老掐、老羌」，
還是帶「羅」字頭的「羅剎、羅禪、羅車、羅沙、羅叉、
邏察」，都是「索倫土語」的不同漢字音譯。之所以出現
帶「老」字頭的一組和帶「羅」字頭的情況，是因為索倫
土語詞，在不同語言環境中，出現零詞尾和帶詞尾 -n 兩
種變體形式，換句話說，有時以 loca 的形式出現，有時
以 locan 的形式出現。

至於俄羅斯一名，應是來源於蒙古語 ，「元代有斡羅思的
說法，與現在『俄羅斯』名詞非常接近。蒙古文稱俄羅斯
為 Oros」。

清初文獻對俄羅斯記載大體有兩種：一是鄂（俄）羅斯、
一是「羅剎」。鄂（俄）羅斯，主要用來稱呼經北部蒙古
地區而來的俄國人；而「羅剎」主要用來稱呼竄入黑龍江
流域，到處燒殺搶掠的哥薩克匪徒。

這與俄羅斯向外擴張、清初中俄兩國的接觸主要在中國東
北和北部邊疆兩個方向發生有關。

俄羅斯原屬於歐洲東部國家，在 16 世紀末，俄羅斯領土

俄羅斯女性形象，取自清人傅恆、董誥等纂的《皇清職貢圖》。

面積僅為 280 萬平方公里，地處東北歐一角。為何會在清朝成了和清領土接壤，搶奪中國領土最多的國家？

1547 年沙皇伊凡四世執政以來直至 20 世紀，俄國越過烏拉爾，不斷向東面擴張，吞併西伯利亞與中國北面的大片領土，將疆域一直擴展到太平洋岸邊，從而使俄羅斯成為歐亞國家。

但問題又來了，俄羅斯為何要不斷擴張？又為甚麼俄羅斯能不斷擴張？

先回答「為何俄羅斯要擴張」的問題。

俄羅斯在基輔羅斯和莫斯科公國的基礎上發展起來，它和西部鄰國之間既沒有高山、大河的阻隔，東歐平原地勢平坦，海拔在 200 米以下，因此，為了保障俄羅斯的安全，他們的統治者就用領土擴張作為一種防禦手段。

於是，擴張有三個方向：中歐、中亞和西伯利亞。有趣的是，俄羅斯一擴張就會吸收更多不同民族，民族越多俄國內部越難穩定，擴張原目的是為了安全，但擴張的結果却增加了新的不安全因素，於是開始新一輪的擴張。結果是擴張的不斷升級，幾個世紀後，俄羅斯終於成為橫跨歐亞大陸的帝國。

其次是尋覓毛皮，這是俄國人向西伯利亞擴張的主要原因。在 16 世紀，歐洲市場急需大量的毛皮，西伯利亞享有金羊毛產地美譽，其土地遼闊，森林茂密，生長著各種名貴的貂、狐狸、黑鼠等動物，吸引了獵人和商人的注意。實際上，整個 17 世紀中，毛皮貿易一直支配着西伯利亞經濟，是主要的政府收入來源。俄羅斯政府通過各種手段獲取毛皮，向土著收取毛皮形式的供稅。另外，還保留了購買土著和俄羅斯人所獲得的最好的毛皮的權利。

三是俄羅斯帝國借助哥薩克人擴張。哥薩克人是為了躲避蒙古入侵的遊牧民族，早期哥薩克人為了擺脫農奴制度束縛而逃到俄國南面的荒蕪草原區，由於經常面臨着軍事威脅，種田不能成為哥薩克生活的來源，他們主要靠狩獵、捕魚、畜牧業為生，除此而外，哥薩克謀生的最重要途徑是軍事征服，哥薩克實際上成為俄羅斯的邊防軍，也是俄羅斯擴張的工具，在侵略西伯利亞的過程中尤其發揮了作用。

俄羅斯為甚麼能擴張，一是因為自然地理條件，即氣候和地形，西起波羅的海、東迄太平洋的整個遼闊的西伯利亞有着和俄羅斯相近的氣候：夏季短暫炎熱，冬季漫長酷寒，俄羅斯人完全沒有適應困難。此外，西伯利亞大片陸地是平坦的平原區，人口稀疏，俄國人能在沒有多大阻礙下迅速擴張到整個地區。二是俄羅斯人在東部擴張時，被征服民族在經濟、文化、戰爭水平都遠遠低於俄羅斯。西伯利亞地區地域遼闊，人口特別稀少，西伯利亞各族人民多數處於農牧社會階段，在政治、經濟、文化方面比俄羅斯族落後，處於弱勢地位，當地少數民族居住分散，內部缺乏團結和組織，因而這些手持長矛、弓箭的少數民族，儘管英勇抵抗，往往敗於人數極少的俄國侵略。

為何南潯這樣富裕？

《鹿鼎記》的開篇提到清初由吳之榮告發、鰲拜操辦的「明史案」，寫道：「湖州府有一南潯鎮，雖是一個鎮，卻比尋常州縣還大，鎮上富戶極多。」這個案件是小說的切入點，也是連接小說中虛構故事與南潯歷史的關鍵。此外，小說的重要人物雙兒就是南潯人。

南潯，是一個歷史悠久、文化底蘊深厚的古鎮。《鹿鼎記》把它描繪成小鎮多富戶，一個江南小鎮，為甚麼能這樣富呢？

第一是地理。南潯屬杭嘉湖平原，地勢平坦，土地肥沃，適宜農作物的種植。同時，作為江南水鄉，河網密佈，水路交通發達，自古以來就是一個水陸衝要之地。

南潯位於長江三角洲的中心位置，東臨江蘇省，南接杭州市，北靠太湖，是浙江省北部的重要城鎮，它處於滬、寧、蘇、杭經濟圈的中心，是湖州接軌上海、江蘇的東大門，具有重要的區域戰略意義。它地處太湖流域，水網密布，是典型的江南水鄉。地理位置優越是南潯之所以富裕之一，自古以來南潯就是商貿繁榮的地區，水路交通的便

南潯廣惠宮

利為商品的流通提供了條件，促進了當地經濟的發展。再者，南潯屬亞熱帶季風氣候，四季分明，雨量充沛，非常適宜農業生產和蠶絲業的發展。

第二是產業。自古以來南潯就是絲綢之府，擁有深厚的絲綢文化底蘊。自明朝萬曆至清代中葉，因絲綢生產和貿易而聞名遐邇，絲商雲集，有「湖州一個城，不及南潯半個鎮」之說，成為了江浙地區的雄鎮。這個產業為當地帶來了巨大的財富和繁榮。南潯絲以其「白、勻、細、圓、韌」的特點在全國享有盛譽。這種生絲起源於南潯鎮南面

輯里村，從萬曆時期開始行銷全國，並在上海開埠後贏得了海外市場的青睞。

英國駐上海領事阿禮國（Rutherford Alcock）在 1847 至 1848 年的海關報告中提到湖州府是中國產絲最多的地區，而南潯鎮的產絲量又超過了雙林鎮和菱湖鎮，居於首位。每到新絲上市季節，南潯的街面上人流熙熙攘攘，水道裏船隻往來如織，成為了商貿繁盛的重鎮。南潯的生絲質量高，被稱為「輯里湖絲」，在國內外市場上享有盛譽。這一時期，南潯積累了巨額財富，成為了商貿繁榮的重鎮。

第三是人文歷史。南宋時期，南潯就已經建鎮，到清朝中葉建鎮 700 多年，經濟繁榮的經驗深植南潯人的基因，到近代史上更是罕見的巨富之鎮，有著「四象八牛七十條金黃狗」的百餘家絲商巨富，這些家族的商業活動極大地推動了當地經濟的繁榮。此外，南潯文化悠久，從宋朝至清朝共出了 41 名進士，這些科舉出身的士人不僅提升了南潯的文化地位，也可能在一定程度上促進了當地的經濟發展。

除了輯里絲，南潯還有其他重要的產業，所以，南潯商幫在晚清民國時期也是一大特色，他們通過捐官買爵、修園建樓等方式展示了自己的財富和影響力。

揚州富庶甲天下

在《鹿鼎記》中，沒有一個地方比揚州更矛盾、更有象徵性。

揚州不僅是韋小寶的故鄉，也是他人生故事的起點。韋小寶出生於揚州的麗春院，他的童年和成長背景與傳統武俠小說中的英雄人物截然不同，這種特殊的出身賦予了他一種市井小民的氣息。揚州塑造了他的性格和世界觀。他從小便對武俠、戲曲中的英雄好漢充滿了羨慕，這種憧憬最終促使他邪中帶正，能結交黑白二道，又能在官場如魚得水。

另一方面，清初的揚州又是血淚斑斑。韋小寶從小在揚州街坊市井之間，便已常聽人說起當年清兵攻入揚州，大肆屠殺，姦淫擄掠，無惡不作，所謂「揚州十日」，慘不堪言。揚州城中幾乎每一戶人家，都有人在這場大屠殺中遭難。韋小寶年代離「揚州十日」不過 20 幾年，韋小寶從小便聽人不斷說起清兵的惡行，又聽人說史可法如何抗敵殉難，某人又如何和敵兵同歸於盡。

一個出身於慘遭大屠殺城市揚州的卑微少年，日後卻成了

大清的公爵，屢屢建功，並和大清皇帝結交為友，這就是
《鹿鼎記》情節張力最大的地方，而焦點就在揚州。

揚州是 2,500 多年歷史的文化名城，自古便有「煙波浩渺
的江南水鄉」之稱。它位於江蘇中部，是長江和京杭大運
河的交匯處。揚州地區的開發可以追溯到春秋時期，當時
屬吳國的領域。到了戰國時期，越國滅吳後，這一地區又
成為了越國的一部分。到秦統一六國後，設置了廣陵縣，
是揚州建城的開始。

漢朝時期，這裏成為重要的經濟和文化中心，並逐漸發展
成為東南地區的鹽業中心。魏晉南北朝時期，由於北方戰
亂頻繁，許多士族南遷至揚州，使得這裏的經濟和文化得
到了進一步的發展。同時，佛教也開始在揚州地區傳播。
唐朝揚州十分鼎盛，與長安、洛陽並稱「天下之盛」。到
京杭大運河開通，揚州的商貿地位進一步加強，成為全國
著名的商業城市。然而，晚清時期由於戰亂和黃河改道的
影響，揚州的經濟地位便衰落了。

揚州的發展與京杭大運河有着密切關係，全長超過 1,700
公里的京杭大運河是世界最長的人工河流，不僅在地理上
跨越了華北與江南，跨越了北京、天津、河北、山東、河

揚州鎮國寺塔

南、安徽、江蘇、浙江等多個省市，更在歷史上承載了古
代文明的發展與變遷。揚州的古運河是京杭大運河中最古
老的一段，它就是吳王夫差在揚州開挖的邗溝。吳王夫差
為了攻打齊國，開鑿了邗溝，引江水北出武廣、陸陽兩湖
之間，下注樊梁湖，形成了最古老的京杭運河段。後經過
隋、唐、元、明、清等時期的擴建和維護，它逐漸成為連
接中國南北的重要水運通道。

揚州位於「天然水道」長江和「人工運河」京杭大運河的
交匯處，這兩條水道的交匯為揚州的發展提供了極為重要
的交通條件。由於其地理位置的優勢，揚州在很長一段時

間內都佔據了運河樞紐的重要地位，被譽為「中華運河第一城」。京杭大運河的開通，使得揚州成為了一個富庶的城市，宋人司馬光在《資治通鑑》中就有「揚州富庶甲天下」的記載。

揚州不僅在經濟上有着輝煌的歷史，而且在文化藝術方面甚有成就。提到揚州文化，不得不提的就是「揚州八怪」，他們是清朝中葉活躍在揚州的畫家，包括鄭燮、黃慎、金農等。這些畫家的作品風格獨特，不拘泥於傳統，賦予了揚州畫壇新的活力。揚州的園林建築也是獨步天下，如中國四大名園之一的個園，以疊石藝術著稱，園內景色秀美，充滿了江南水鄉的特色。以其宏偉的建築規模和精美的裝修藝術聞名的何園等，都是中國園林藝術的瑰寶。

揚劇是揚州的地方戲曲，揚劇起源於清朝乾隆年間（1736—1796），吸收了崑曲和其他地方戲曲的特點，形成了自己獨特的表演風格。它的唱腔優美動聽，表演細膩傳神。

更教人津津樂道的是揚州的美食文化，揚州的早茶文化以「三丁包」最為著名。揚州菜更是淮揚菜系的重要組成部分，以清淡、鮮美、注重原料本味而聞名。

今天雅克薩在哪裏？

在《鹿鼎記》中，韋小寶參與了一場與俄羅斯的雅克薩之戰，並立下大功。在小說中，韋小寶利用自己的智慧和勇氣，通過與投降清朝的鄭成功舊部林興珠的交流，得知了藤牌兵在戰鬥中的英勇表現。受到啓發，他向施琅要了500 名藤牌手，並與林興珠一同北上參加了歷史上的雅克薩之戰，幫助清軍取得了勝利。

歷史上，雅克薩的歷史可以追溯到 17 世紀中葉，當時沙俄哥薩克在黑龍江流域進行侵略活動，並在此建立了據點，繼續在黑龍江流域進行掠奪和殺戮。為了收復失地，康熙皇帝下令反擊沙俄的侵略行為。在松花江口、尚堅烏黑等地戰鬥中，清軍表現出了強大的戰鬥力和高昂的戰鬥士氣。這些勝利不僅為清朝收復失地奠定了基礎，也展現了清朝軍隊的強大實力。

雅克薩之戰正是中俄因領土爭端而爆發的一場重要戰爭。這場戰爭發生在 1685 至 1686 年，清軍在這場戰役中取得了勝利。雅克薩之戰對於後來的中俄邊界劃定具有重要影響，最終雙方在 1689 年簽訂了《尼布楚條約》，這是中國與西方國家簽訂的第一個平等條約。但俄羅斯的侵略

沒有停步，到了 1858 年，俄國乘着清朝衰弱，與黑龍江將軍奕山簽訂了《璦琿條約》，重新將雅克薩劃給俄國。雖然當時清政府並未批准該條約，但兩年後在《北京條約》中予以確認。

從此雅克薩的主權未再發生變化，從此名為「阿爾巴津」，今天的雅克薩為位於今俄羅斯聯邦遠東地區阿穆爾州的一個小村莊——阿爾巴津諾（Albazino）。

雅克薩（阿爾巴津諾）位於黑龍江與額木爾河交界口東岸，坐落在黑龍江上游左岸，與黑龍江大興安嶺地區漠河縣隔江相望。這裏不僅地理位置重要，而且是中俄兩國歷史交流的見證。

雅克薩的地理位置十分特殊。它位於黑龍江的上游地區，江面寬闊，水流湍急，形成了天然的軍事屏障。同時，雅克薩地處中俄兩國交界處的山脈和平原之間，地勢相對較高，視野開闊，有利於軍事防禦和觀察敵情。

雅克薩地處高緯度地區，屬寒溫帶大陸性氣候，冬季漫長嚴寒，夏季短暫溫暖。這種氣候條件對軍事行動和人員生存都帶來了極大的挑戰。在《鹿鼎記》中，雅克薩的嚴寒

氣候成為了清軍和俄軍作戰的重要因素之一，也給韋小寶等主角們的冒險經歷增添了更多的困難和挑戰。由於緊鄰黑龍江，這裏的水資源豐富，河流和濕地為當地生態系統提供了良好的支持，成為多種魚類和水禽的棲息地。

此外，雅克薩在小說中還承載着豐富的歷史背景和人文內涵。作為中俄邊境的重要城市，雅克薩見證了兩國之間的戰爭與和平、仇恨與友誼。在這裏，韋小寶等主角們與俄軍展開了驚心動魄的鬥爭，能讓我們深刻感受到武俠世界和歷史背景所蘊含的國土變遷。

為何順治會在五台山出家？

五台山第一次在《鹿鼎記》出現是在海公公和太后的對話
中，太后問道：「你有甚麼消息？」海公公道：「五台山上
的消息。」太后聽到五台山有些發顫。《鹿鼎記》寫康熙
的父親順治就在五台山出家。

事實上，順治與五台山的故事是民間傳說，並沒有確鑿的
歷史證據支持，流傳版本有兩個：一個是順治在一次訪問
五台山時，詢問了一位和尚關於自己的前世。據說，順治
得知自己前世是五台山的一位和尚，因此有感而發，說出
了「我本西方一衲子，為何生在帝王家」的話。不久後，
順治退位，秘密出家於五台山。另一個說法是順治深愛的
董鄂妃因病去世，這對順治皇帝打擊很大，因悲痛過度，
而在五台山上的小寺廟裏出家為僧。

順治之所以有出家五台山的傳言，是因為他駕崩時只有
23 歲，死亡原因不詳，估計他是死於天花（繼位的皇三
子玄燁只有七歲，他能繼位因曾經感染到天花，並幸存下
來而獲選立為皇太子），當時朝廷沒有明確公佈順治帝的
死因，很快便流言四起。坊間便傳言他其實未死，而是因
為對愛妃之死過於悲痛或是四位獲任為輔政大臣的滿洲貴

族發動了政變，他退位隱居佛教寺院，匿名為僧。

在《鹿鼎記》中，康熙得知父皇在五台山為僧，派遣韋小寶前往五台山探路並侍奉順治皇帝。韋小寶在五台山清涼寺找到了隱居的順治皇帝。至於順治出家的傳聞為何和五台山扯上關係，因為五台山位於山西，是四大佛教名山之一，而另外三山——浙江普陀山、四川峨眉山、安徽九華山都和滿洲人入關初只能控制中國北方的距離相差太遠，而且，五台山佛教是藏傳一脈，更接近滿洲人的信仰。而

五台山圖，取自明人王昕、王學思編集的《三才圖會》。

五台山位於山西忻州市五台縣境內，因其獨特的地理環境
和宗教地位，成為了明清帝王崇信和推崇的地方。

五台山的名字因其五座主峰而得名，相傳五台山原名五峰
山，氣候惡劣，難以居住。文殊菩薩看到人們的苦難，決
定幫助改變這裏的氣候。他瞭解到東海龍王擁有一塊能夠
改變氣候的神石「歇龍石」，於是化身為和尚，成功借得
此石，使得五台山的氣候變得溫和，適宜居住。自始五台
山就是文殊菩薩的修行地，而峨嵋山、普陀山、九華山分
別是普賢、觀音、地藏菩薩的修行地。這些名山都是佛教
文化傳播和發展的重要場所。

這五座山峰分別是：東台望海峰、西台掛月峰、南台錦
繡峰、北台葉斗峰和中台翠屏峰，北台葉斗峰海拔 3,058
米，被稱為「華北屋脊」。五座山峰環繞着一片廣闊的山
谷，形成了一個天然的要塞。五台山的最高點五座山峰猶
如五根擎天大柱，峰頂平坦如台，因此得名「五台」。五
台山境域內地形複雜，受五台山脈走向影響，重巒疊嶂、
丘陵起伏、溝壑縱橫、高差懸殊。這種地理形態使得五台
山成為了一個易守難攻的地方。

五台山與佛有緣始於東漢時期，印度高僧攝摩騰和竺法蘭

五台山顯通寺的銅殿和銅塔

帶着佛經來到中國，他們在尋找佛教聖地時發現了五台山，認為五台山與印度的靈鷲山地形相似，因此認定五台山與佛祖有緣，從此五台山成為佛教聖地。

自元朝時期開始，五台山的喇嘛教興起，到了明清時期，與漢地佛教並駕齊驅，成為佛教文化的重要中心。明清時期的皇帝都非常重視佛教，特別是明朝皇帝，如明太祖和明成祖，對佛教有着特殊的感情，促進了五台山佛教文化的進一步發展。清朝康熙、乾隆、嘉慶等皇帝對五台山的佛寺極為重視，投入巨資進行修建，使得五台山的寺廟數

量達到了 122 處，其中青廟 97 處、黃廟 15 處，僧尼人
數超過 1,000 人。五台山的佛寺跨越了唐、宋、遼、金、
元、明、清等多個時期，建築宏偉，樣式繁多，有始建於
東晉、歷史最悠久的顯通寺，眾多佛寺中最大的塔院寺，
五台山最大的喇嘛教寺院的殊像寺，集佛教文化、道教文
化、皇家園林文化於一體的南山寺等，是中國古建築史的
一部分，也是研究中國建築史和欣賞古建築的絕佳場所。

為何台灣易守難攻？

在《鹿鼎記》中，韋小寶因緣際會之下，隨施琅將軍一同前往台灣，從而揭開了一段充滿傳奇色彩的歷史篇章。

韋小寶來到台灣，受到了熱烈的歡迎和款待。他在台灣期間，聽到了許多關於鄭成功如何收復台灣、大破紅毛兵的故事，其中還有陳近南（在真實歷史中名為陳永華）的智謀和貢獻。陳近南為人沉穩，對鄭成功的復國大業鼎力支持，盡心輔佐，不僅為鄭成功出謀劃策，更在鄭成功去世後，繼續輔佐其子鄭經，為台灣的安定與繁榮付出了巨大的努力。

小說中，韋小寶和施琅也面臨了朝廷對台灣的政策變化。韋小寶得知朝廷有意棄守台灣，他對此感到疑惑，並詢問施琅。施琅透露，朝中大臣認為台灣孤懸海外，易成盜賊淵藪，朝廷控制不易，而且派大軍駐守會多費糧餉，因此決定放棄。韋小寶對此深感憂慮，他懷疑朝廷的決策背後可能有着更深層的用意，如防止施琅成為「大明台灣靖海王」。

事實上，台灣在清朝的歷史是一段複雜而豐富的時期，涵

蓋了政治、經濟、文化和社會等多個方面。台灣經歷了從荷蘭、西班牙、鄭氏政權到清朝的多次政權更迭，最終成為清朝的一個省。在清朝康熙時期，台灣處於鄭氏政權的統治之下。鄭成功收復台灣後，建立了鄭氏政權，並實行了一系列政治、經濟和文化上的改革。

鄭成功能長時期割據台灣，與台灣的地理特點是分不開的。

台灣位於亞洲東南沿海，東臨太平洋，西隔台灣海峽與福建省相望，北瀕東海，南界巴士海峽與菲律賓群島相對。

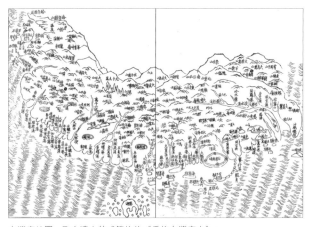

台灣府總圖，取自清人范咸等修的《重修台灣府志》。

正是因為島嶼眾多，海峽阻隔：台灣及其周邊島嶼構成了天然的防禦屏障。鄭成功可以利用這些島嶼設置防線，阻止敵人從海上進攻。同時，台灣海峽的狹窄也增加了敵人進攻的難度，使得鄭成功能夠更容易地監控和應對敵人的行動。

台灣地形多樣，既有高山峻嶺，也有平原海岸，山地佔全島面積的三分之二以上。東部和南部為山地，中央山脈縱貫南北，長約 320 公里，寬約 80 公里，有 18 座山峰海拔超過 3,000 米，玉山為最高峰，海拔 3,997 米。這些山脈主要由五個平行山脈組成，分別是中央山脈、雪山、玉山、阿里山和海岸山。其中，玉山是台灣最高峰，海拔 3,952 米，也是東北亞的最高峰之一。

除了山地，台灣還有廣闊的平原和丘陵地帶。西部是一片廣闊的平原，由濁水溪、曾文溪等河流沖積而成，是台灣農業和人口密集的主要區域。因為以山地為主，平原相對較少。這種地形特點使得鄭成功能夠利用山地進行防禦，通過在山地設置據點和障礙物來抵禦敵人的進攻。同時，山地也提供了良好的隱蔽和觀察條件，使得鄭成功能夠更好地瞭解敵人的動態。

台灣河流大多發源於中央山脈，向東、西兩側流入大海。
由於地形陡峭，河流短而急，不利於航運但富於水力資
源。台灣氣候溫暖濕潤、降水充沛，這為鄭成功的軍隊提
供了充足的水源和適宜的生活環境。這種氣候條件也有助
於保持軍隊的士氣和戰鬥力。

在鄭成功防守台灣的過程中，他充分利用了這些地理特
點。他派遣軍隊在台灣及其周邊島嶼設置防線，利用山地
和海洋的阻隔來抵禦敵人的進攻。他也注重保障軍隊的水
源和生活條件，以確保軍隊的戰鬥力。

隨着鄭氏政權的衰落，清朝逐漸對台灣展開了軍事和政
治上的控制。1683 年，清朝派兵攻佔台灣，鄭氏政權滅
亡，台灣正式納入清朝版圖。清朝在台灣設立了台灣府，
隸屬於福建省，下轄三縣（台灣縣、鳳山縣、諸羅縣），
並設立了台灣道作為省級行政機構。此外，清朝還在台灣
實行了屯田制度，大量招募福建等地的移民前往台灣開墾
荒地，促進了台灣農業的發展。這些行政管理制度的實
行，為台灣的穩定和發展奠定了基礎。

隨着移民的增加和社會秩序的穩定，台灣逐漸繁榮起來。
到了 19 世紀中期，台灣已成為「糖穀之利甲天下」的地

台北府城北門遺址

區。由於台灣地理位置的重要性，以及在中法戰爭中的表現，清朝政府於 1885 年在台灣正式建立行省，劉銘傳被任命為首任巡撫。在他的領導下，台灣進行了大膽的改革，包括建設鐵路等，使得台灣逐步邁向近代化。

台灣天災也不少，它位於環太平洋地震帶上，地殼運動較為頻繁，因此地震活動相當頻繁，是世界上地震多的地區。除了地震，台灣還常常受到颱風的影響，每年夏秋季節，颱風都會給台灣帶來大量的降雨和風暴潮，對農業、漁業和交通等造成不少損失。

跟中原若即若離的昆明

《鹿鼎記》中重要反派是吳三桂，吳三桂被封為平西王，
鎮守雲南，吳三桂建造了豪華的平西王府，平西王府位於
今昆明市區五華山。王府曾是吳三桂的住所，當時昆明是
政治活動的中心，後來吳三桂不滿清朝的削藩，於 1673
年起兵反叛，一度控制了包括雲南省在內的多個省份。
這一時期，昆明作為其控制的中心地區，再次成為歷史的
焦點。

所以，《鹿鼎記》中的昆明既代表了大反派的勢力範圍，
也是故事重要的轉折點，其中有兩個重要轉折，一是韋小
寶護送建寧公主入滇，建寧公主原本要成為吳三桂的媳
婦，但途中和韋小寶發生了關係。二是沐王府與吳三桂的
恩怨，昆明也是沐王府的所在地，沐王府與平西王吳三桂
有着深仇大恨。

昆明位於雲南省，因其四季如春、氣候宜人，有「春城」
美譽。翻查歷史，昆明這個詞匯作為地名在唐朝以前的歷
史記載中並不常見。昆明原指的是中國西南地區的一個古
代民族名稱，在文獻中，這個民族被稱為「昆」、「昆彌」
或「昆淋」。

昆明歷史非常悠久，早在三萬年前，滇池周圍就有人類在此生息繁衍。公元前 279 年，楚國大將莊蹻遠征到達滇池地區，但楚國已亡，於是莊蹻建立滇國。公元前 109 年，漢武帝派兵征服滇國，在此設立益州郡，將雲南地區正式納入中原王朝的版圖。619 年，唐朝正式設立昆明縣，這是「昆明」作為地名首次出現。當時的昆明縣並不在今天的昆明市所轄區域，而是位於今天四川鹽源縣境內。765 年，南詔王在今昆明建鄯闡城，這是昆明地區第一個名字。元朝時期，忽必烈派兵攻取鄯闡城，1276 年，忽必烈將雲南省的行政中心從大理遷至昆明縣，並在今天的昆明轄區設置了昆明縣。從此，昆明成為了雲南省的政治、經濟和文化中心，一直延續至今。

我們不難發現，昆明及其所在的雲南以山地高原為主，東部地區是雲貴高原的一部分，平均海拔約 2,000 米，特點是起伏和緩的低山和丘陵，以及發育的岩溶（喀斯特）地貌。西部地區則以高山峽谷相間、地勢險峻為特點，山嶺和峽谷的高差可超過 1,000 米。因此長期和中原文化是若即若離的關係，738 至 1381 年，雲南地區先後被南詔國和大理國統治達 643 之久，並且發展出自己的文字和文化。直到 1381 年，明朝攻佔雲南，設立雲南布政使司，才恢復漢族政權對雲南地區的統治。

昆明圓通寺水榭亭台

韋小寶護送建寧公主從北京到昆明的具體天數在《鹿鼎記》中沒有明確的記載。北京和昆明兩地相差 2,784 公里，如果是根據建寧公主隨從的規模，每天大約能走 80 公里，中間還要過雲貴多座高山，所以即是快走也要走 40 天左右，而今天從香港坐高鐵八小時內會到達昆明，飛機更不用三小時。

第七章
人在江湖，身不由己

俠客島究竟在哪裏？

在《俠客行》中，有一個充滿神秘色彩的島叫俠客島，不僅是小說《俠客行》中的主要場景，也是許多武林高手夢寐以求的寶地。島上隱藏着高深的武學秘訣，吸引著無數武林人士前往探索。俠客島的地理位置非常偏僻，如果沒有人指引，很難找到它的確切位置。島上每隔十年會有一次盛會，由島主龍木島主以吃臘八粥的名義邀請中原武林各門派掌門上島，參習驚天動地的武功秘訣《太玄經》圖譜。

我們細看了《俠客行》中對俠客島的描繪，發現其位置模糊，位於南海極其偏僻的無名孤島，距大陸有四天的航程，但又沒有具體的坐標或參照物，各門派掌門前往俠客島的路線也不明確。同時俠客島上的自然環境、地形特徵也未詳述，只知適合研究武功，但島上的具體自然環境、氣候條件等並未描繪。

所以，我們根據原文，試找俠客島在哪兒。

主角一行是從南海邊出發，先往南，再往東南：「十二月初五，史婆婆率同石清、閔柔、白萬劍、石破天、阿綉、成自學、齊自勉、梁自進等一行人，來到南海之濱的一個小漁村中。到得傍晚時份，忽有一名黃衣漢子，手持木槳，來到漁村之中……那漢子划了幾槳，將小舟划離海灘，掉轉船頭，扯起一張黃色三角帆，吃上了緩緩拂來的北風，向南進發。入夜之後，小舟轉向東南。在海中航行了三日，到第四日午間，屈指正是臘月初八。申牌時份，小舟駛向島南背風處靠岸。」

這樣的描述，我們就想到南海諸島，今天的南海諸島，包括了東沙、西沙、中沙、南沙群島，由於航行時間只有短短三日，中沙群島和南沙群島都要五天以上航程，所以可以先行排除，我們把目光放在西沙群島和東沙群島，但西沙群島太偏西，無論從大陸上哪一點出發，都不可能在「連續向東南方航行」而到達。

如果是東沙群島中，唯一適合人類生活的島嶼是東沙島。東沙群島位於廣東汕尾市以南約 260 公里，是南海諸島中位置最北、離大陸最近的，是唯一露出水面的島嶼。

不過，當我們看看俠客島的地形：「島上有一座高聳的石山，山上鬱鬱蒼蒼，生滿樹木。轉入山中後，兩旁都是森林，一條山徑穿林而過。石破天留神四周景色，以備脫身逃命時不致迷了道路。行了數里，轉入一條岩石嶙峋的山道，左臨深澗，澗水湍急，激石有聲。一路沿着山澗漸行漸高，轉了兩個彎後，只見一道瀑布從十餘丈高處直掛下來，看來這瀑布便是山澗的源頭。」

但現實的東沙島由珊瑚為主的生物碎屑堆積而成，面積約為一點八平方公里，海拔僅六米，形狀如牙，潮汕漁民也稱之為月牙島，更重要的是它缺乏淡水資源。

而俠客島是島上有山，山路「長達數里」，山中還有瀑布，這樣說東沙所有島嶼都要排除。

還有其他可能性嗎？

我們要知道《俠客行》中沒有提及滿人，以及關東四大派的描述符合明朝時期的武林環境，故事背景應是明朝。明代海上貿易非常興盛，造船和航行的技術和經驗也十分豐富，如在 2007 年 5 月發現的明朝沉船「南澳 1 號」，船長已約 24 米，寬約七米，共有 25 個隔艙，有凹凸榫頭的

船體構件和桅座的構件，更擺放貨物的貨架板。所以，石破天等人應該可以往更東去，東沙群島再往東去就是菲律賓北部的巴丹群島（Batanes），古稱三嶼國，遠在新石器時代時，已約有 1,000 名部落居民散居在此。

亞洲大陸距離巴丹群島最近的地點是廣東潮州一帶，約 500 多公里。石破天等人是初五到達海邊，俠客島迎賓使傍晚來載人出發，初八到達俠客島，總航行時間接近三天。取 70 小時航行 560 公里，則每小時要走八公里，以明朝航海技術應該綽綽有餘。

巴丹群島中最大的島是伊巴雅特島（Itbayat Island），面積 92.9 平方公里，大約等於兩個九龍半島，島上大多是平坦的丘陵地形，在東北區域的最高處的海拔超過 200 公尺，符合俠客島有山、山路「長達數里」的描述，但伊巴雅特島沒有沙灘，也沒有瀑布。

當然，這裏有一個小問題，就是伊巴雅特島有點大了，並且在明朝時期應有常住人口，不是俠客島那種神秘的無人島。

總的來說，俠客島不僅是一個地理位置上的孤島，更是武俠世界中一個充滿傳奇和冒險的象徵。

明朝開封繁華依舊？

開封在《俠客行》中的作用極為重要，既是劇情發展的舞台，也是主人公身份轉變的關鍵地點，開封發生的故事包括以下三個重要情節：

第一，石清夫婦的苦惱：石清和閔柔面臨着長子石中玉因閔柔溺愛而性格放縱的問題，這直接導致他們決定將石中玉送往凌霄城學藝。第二，玄鐵令的變局：摩天居士謝烟客發出的玄鐵令重現江湖，傳言持有者可以向謝烟客提出一個要求。這引起了武林中人的追逐和爭奪。小乞丐狗雜種（石破天）意外得到了玄鐵令，成為了謝烟客的債權人，從而捲入了後續的一系列事件。第三，身份的互換：石中玉和狗雜種（石破天）的身份顛倒的經歷，是開封故事的重要組成部分，也是小說的高潮所在。

在這裏，石破天從一個簡單的人物轉變為擁有深刻家庭背景的角色，開封不僅是故事情節發展的重要場所，更是主人公身份轉變、情感衝突的關鍵地點。

雖然我不知《俠客行》明確的歷史背景，但根據小說中的背景和細節推測，故事應發生在明朝中期，而明朝的開封

歷史悠久和文化豐富,為《俠客行》的情節發展和人物塑造提供了豐富的土壤。

《俠客行》中的開封是一個繁華的城市,具有豐富的人文景觀和歷史遺迹。城市的街道上,人來人往,商賈雲集,市井之中充滿了生活氣息。

開封在明代的地理特色主要體現在其深厚的歷史文化和獨特的城市規劃。

首先,開封地理位置優越,它坐落在黃河中游平原上,是中國古代七大古都之一,歷史上,開封多次成為國家的都城。春秋時期,鄭莊公在此築城,取名開封,寓意開拓疆土。戰國時期,魏國在此建都,稱為大梁。唐朝時期因城市跨越汴河而被稱為汴州,後世合稱汴梁。開封的地形主要是平坦的大平原,這在古代是一種軍事上的優勢,因為沒有複雜的地形阻礙,有利於交通和城市的擴張。

說到開封,我們不得不提貫穿全城的汴河。汴河是連接北方和南方的重要水道,是大運河的重要組成部分,開封汴河被認為是大運河的源頭。隋朝時期,開封又稱汴州,位於汴河北岸,是隋朝東都洛陽與西都西安之間溝通江淮的

開封大相國寺

東大門。781年，唐朝汴州刺史李勉擴築了汴州城，將汴河圈入了城內。這一舉措對開封的經濟發展和商貿繁榮生了劃時代的意義，使得運河和開封城的關係變得更加緊密。由於汴河的便利交通，開封成為了南北物資交流和文化交融的中心。這不僅促進了當地經濟的發展，也使得開封成為了一個多元文化融合的城市。

北宋畫家張擇端創作的《清明上河圖》，正是開封的實景圖，它描繪了當時東京（開封）的自然風光和汴河兩岸的繁榮景象。這幅畫作不僅展現了當時的市井生活、商業繁

榮和民俗風情，還細緻地刻畫了宋朝的城市建設與建築藝術。畫中的虹橋、商舖、城樓等建築，以及各種人物活動，都生動地反映了當時開封城市的繁華和社會百態。

我們從《清明上河圖》會見到宋朝開封的商業非常發達，市場上商品琳琅滿目，應有盡有。除了商業，開封的娛樂活動也非常豐富多彩。有各種表演藝術，如雜技、戲曲等。這些娛樂活動不僅豐富了市民的文化生活，也體現了當時社會的繁榮和活力。如茶館是開封社會生活的重要組成部分。人們在這裏品茶、聊天、交友，甚至進行詩歌創作和學問交流。

此外，黃河對開封的影響也非常巨大，開封位於黃河下游的南岸，黃河在歷史上多次流經或泛濫於開封一帶，對城市的發展和地貌產生了深遠的影響。黃河帶來的泥沙沉積使得開封地區的土壤層較為肥沃，但也使得城市面臨洪水的威脅。

明朝開封的城市規劃以王府及其相關建築為主體，形成了明朝開封的一大特色。這些建築包括王府牌坊、醫官、冰窖、炭廠等，是開封建築的主體，體現了等級制度和文化特色。

真假熊耳山

《俠客行》中的熊耳山是奇景、奇遇與傳奇的交融。它是梅芳姑隱居的地方，也是石破天成長的環境。這座山不僅是一個美麗的自然景色，更是一個充滿了奇遇、神秘色彩和武俠氛圍的重要場所。在這裏，主人公石破天經歷了成長、探險和領悟的過程，也見證了武俠世界中正義與邪惡的較量。

熊耳山是石破天的童年生活地。梅芳姑因為對石清的愛恨交織，將剛出生的石中堅（即後來的石破天）帶至熊耳山的枯草嶺，並給他起了「狗雜種」的名字。這是石破天成長的地方，也是他人生故事的起點。儘管他經常遭到梅芳姑的打罵，但他學會了砍柴、造飯等家務，成為了一個勤勞善良的少年。然而，由於梅芳姑對他的怨恨，石破天在成長過程中沒有接受過正規的教育，大字不識一個，對世事幾乎一無所知。然而，正是這個與世隔絕的地方，孕育了石破天這位未來的英勇俠客。

除了石破天的成長經歷，熊耳山還是小說中其他人物命運交織的地方。例如，丁不四在俠客島上重逢了當年的情人梅文馨，得知梅芳姑隱居在熊耳山枯草嶺。於是白自在夫

婦、石清夫婦、石破天等人一同前往尋訪。在這個過程中，他們經歷了許多冒險和挑戰，也揭示了許多隱藏在江湖中的秘密。

熊耳山在《俠客行》中是一個虛構的地點，但它在現實世界中確有其地，它位於河南盧氏縣，是秦嶺山脈的一部分。與小說中描繪的熊耳山相比，現實中的熊耳山同樣有着豐富的文化底蘊和歷史傳説，特別是與武當山極深的淵源。

從山形山勢到主要古蹟建築的佈局，熊耳山都與武當山極為相似。這種相似性不僅體現在外觀上，更體現出在兩山所承載的文化內涵和歷史傳承上。可以説，熊耳山是武當山的一個縮影，是中國古代道教文化的一個重要代表。

首先，從山形山勢來看，熊耳山與武當山都呈現出雄偉壯麗的氣勢。武當山以其「七十二峰朝大頂」的壯觀景象著稱於世，而熊耳山雖然沒有如此多的峰頭，但其山峰陡峭、岩石壁立，也展現出了不亞於武當山的雄渾之美。

其次，從文化背景來看，熊耳山和武當山都與道教文化有着深厚的淵源。武當山是道教名山之一，是武當派道教的

發源地。而熊耳山自古以來也是道教活動的場所，如相傳真武大帝在成為武當山的祖師之前，曾在熊耳山進行修煉。熊耳山與武當山之間的深厚淵源不僅體現在傳說中，兩山在山形地勢和古蹟建築佈局上的相似性也讓人們相信這種聯繫。例如，武當山志中有記載回心石、臘台山、觀月樓、歪嘴山、捨身崖等地點都與祖師的修行有關。此外，古人將熊視為神獸，熊耳山的名字也可能與此相關。《孝經援神契》提到：「赤熊見則奸宄自遠。」《列子》記載了黃帝與炎帝在阪泉之戰的故事，這些都可能是熊耳山神話傳說的一部分。

當然，熊耳山上不及武當山那樣規模宏大，但也存在許多歷史悠久的道觀和神廟，這些古跡不僅是宗教信仰的象徵，也是歷史文化的見證。它們為熊耳山增添了一份仙氣，也讓它成為了道教文化中一個重要的符號。

為何長樂幫總舵會在鎮江？

在《俠客行》中，長樂幫總舵設在鎮江，石破天的江湖歷險也是由鎮江開始，故鎮江是江湖交匯的繁華之地。鎮江作為一個重要地理位置，以其獨特的地理特點成為了故事發展的重要舞臺。

這裏是武林中聲名狼藉的長樂幫所在地。長樂幫由司徒橫創立，後來由石中玉繼任幫主，石中玉後逃離了長樂幫，導致長樂幫找了性格單純、懵懂的少年石破天為新的幫主。也是在這裏，石破天在鎮江展開了他的江湖歷險，他遇到了丁璫，兩人之間的情感糾葛成為小說的重要情節之一。

鎮江位於今江蘇南部，長江下游北岸，是一座具有三千多年歷史的江南古城。鎮江歷史可以追溯到西周時期，當時稱為「宜」，是康王封給宜侯的領地。春秋時期，鎮江稱為「朱方」，是吳國的疆土。到了三國時期，這裏被稱為「京口」，在六朝時期，鎮江有着鐵甕城和京口大城，是當時的重要城池。南朝宋時期在京口設立了「南徐州」。隋朝統一後，改置為潤州。自北宋時期以來，這座城市便被命名為鎮江，名稱沿用至今。在民國時期，鎮江還曾是

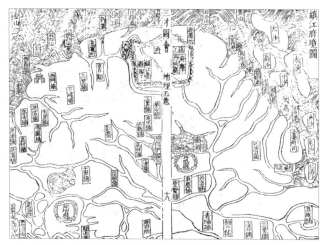

鎮江府境圖，取自明人王昕、王思義編集的《三才圖會》。

鎮江金山寺

江蘇省省會。

鎮江在明朝是地理位置重要的城市，為小説中的江湖人物提供了豐富的背景和情感的舞台。

鎮江地處長江與京杭大運河的交匯處，是長江下游的重要門戶。自古以來，鎮江就是南北交通的要衝和江防的重鎮。在小説中，這樣的地理優勢可能使得鎮江成為江湖人士聚集和信息交流的地方，也是商業貿易的繁華之地。《俠客行》的長樂幫之所以在鎮江就是因為鎮江的商業活動可能十分活躍，市場繁華，各種商品交易頻繁，這樣的經濟環境為長樂幫等提供了豐富的經濟來源。

再者，鎮江周邊自然風光秀麗，有許多名勝古蹟。金山、焦山、北固山等都是著名的旅遊景點。金山寺作為鎮江的標誌性建築，歷史悠久，文化底蘊深厚。歷史上曾經吸引了眾多文人墨客。北宋詩人王安石《泊船瓜洲》描寫的「京口瓜洲一水間」的「京口」就是鎮江，與瓜洲渡隔江南北相對。南宋詞人辛棄疾兩次寫到北固，如《永遇樂·京口北固亭懷古》和《南鄉子·登京口北固亭有懷》，前者的「千古江山，英雄無覓孫仲謀處」和後者的「何處望神州？滿眼風光北固樓」等名句，都表達了辛棄疾對歷史

英雄的懷念以及對往昔歲月的感慨。

鎮江以其獨特的地理特點、繁華的商業氛圍和豐富的文化底蘊成為了《俠客行》中一個令人矚目的地方。這裏既有江南水鄉的秀麗景色，又有都市的繁華與喧囂。

責任編輯	梁偉基
書籍設計	依蝶蝶
書籍排版	陳先英

書　　名	金庸小說裏的中國地理
著　　者	邱逸　顏宇翔
出　　版	三聯書店（香港）有限公司
	香港北角英皇道四九九號北角工業大廈二十樓
香港發行	香港聯合書刊物流有限公司
	香港新界荃灣德士古道二二○－二四八號十六樓
印　　刷	美雅印刷製本有限公司
	香港九龍觀塘榮業街六號四樓 A 室
版　　次	二〇二四年七月香港第一版第一次印刷
規　　格	三十二開（130 mm×190 mm）248 面
國際書號	ISBN 978-962-04-5492-9

© 2024 三聯書店（香港）有限公司

Published & Printed in Hong Kong, China.